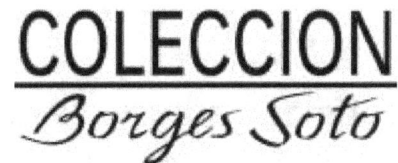

Como Dibujar Expresiones Faciales

La Anatomía Humana

Proyecto de Arte

Roland Borges Soto M Ed.

Estimado entusiasta del arte:

Bienvenido a una nueva experiencia en la Colección Borges Soto. Todos nuestros libros de arte están cuidadosamente diseñados para ofrecer largas horas de sano entretenimiento y satisfacer la experiencia del aprendizaje.

Colección Borges Soto sabe que los artistas están en incesante desarrollo e interesados por aprender y mejorar sus habilidades y talentos. Cada publicación expandirá tus horizontes en el dibujo y la pintura y fortalecerá tus destrezas como artista.

Nuestro propósito principal con esta colección es proveer libros instruccionales para que puedas por ti mismo crecer artísticamente si es que no tienes la oportunidad de tomar clases de arte privadas o visitar algún taller de arte en tu comunidad.

Mis mejores deseos y éxito,

Roland Borges Soto E Md.
Artista y Profesor

Está prohibido reproducir el contenido de este libro en parte o en su totalidad para uso comercial sin el debido consentimiento por escrito del autor o la casa editora. Fotografía de dominio público cortesía de PEXELS.com

Todos los Derechos Reservados.

ISBN- 13: 978-1986516075

ISBN- 10: 1986516075

Publicación Centro de Arte © 1982-2018 Derechos Reservados

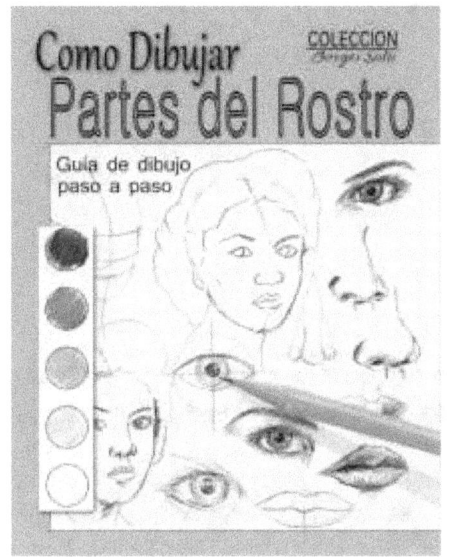 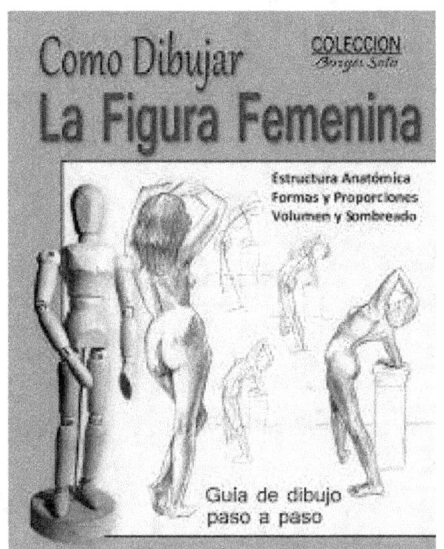 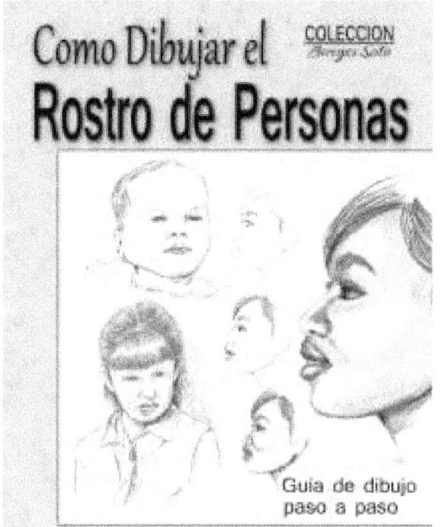

Este libro tiene como objetivo facilitar el estudio de la expresiones humana, especialmente como dibujar las facciones y estados de ánimo del rostro humano. Te acerca a entender fácilmente la estructura muscular de una cabeza humana. En volúmenes anteriores tratamos las partes, proporciones y forma de la cabeza humana los que puedes usar como referencia si eres un entusiasta de dibujar retratos y figuras de personas. Cada tema es tratado por separado para que puedas completar tus dibujos satisfactoriamente.

Colección Borges Soto ha seleccionado modelos sencillos y diagramas simples para explicar los músculos y expresiones de un rostro. Utilizamos un método simplificado que ha sido cuidadosamente puestos a prueba con el que podrás completar tus dibujos con magníficos resultados.

Cada libro está diseñado tanto para el aprendizaje formativo como para proporcionar horas de sano entretenimiento y diversión mientras desarrollas tus habilidades para dibujar las expresiones humanas.

MATERIALES QUE PUEDE NECESITAR

Estos y otros materiales para dibujo puede conseguirlos en su suplidor de equipo de arte más cercano, donde de seguro le explicarán con mucho gusto cómo utilizarlos. No es necesario el uso de materiales especializados, puede sustituirlos por los que tenga en su casa. Puede usar un lápiz escolar número 2 que equivale a un lápiz de dibujo HB, papel suelto sin líneas o cartulina, cualquier goma de borrar, una regla, sacapuntas o cuchilla, papel de lija fina como afilador, servilleta como difuminador o un palillo de algodón y laca de pelo por el fijador de dibujo.

¿QUÉ VAS A APRENDER DE ESTE LIBRO?

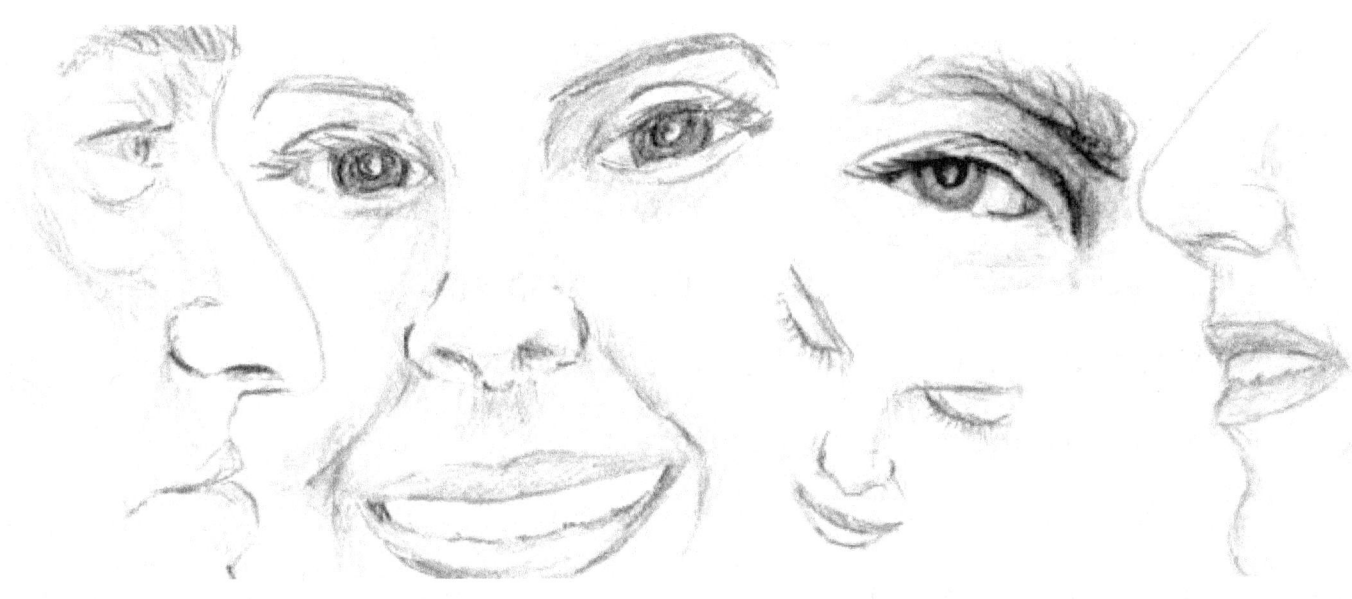

En este libro aprenderás a dibujar la estructura básica de cada una de las partes del rostro humano y a caracterizar diferentes razas, sexo y expresiones faciales.

Aprenderás la combinación de todos los músculos que se disponen para producir distintas emociones y expresiones en nuestro rostro.

Podrás dibujar expresiones del rostro de personas como la risa, llanto, angustia, coraje, meditación, asombro y dolor entre otras. Conocerás la estructura básica y la anatomía muscular de la cabeza humana para poder realizar mejor tus propios dibujos.

Identificarás las diferencias entre el rostro masculino y femenino además de otras expresiones anatómicas copiando los ejemplos y modelos que te presentamos en este libro.

INTRODUCCIÓN

Al dibujar las expresiones en un rostro es importante dibujar correctamente la estructura de todas las partes *(ojos, boca, nariz, orejas)* y que guarden proporción entre sí, que las relaciones de tamaño se ajusten entre las partes del rostro y los músculos que toman acción en cada expresión facial. Así no se verá el dibujo desproporcionado, con facciones muy ajustadas o demasiado distorsionadas.

Practiquemos ahora dibujándonos nosotros mismos Haz bocetos de tus expresiones mirándote en un espejo y guárdalos para compararlos después que hayas estudiado los ejercicios de este libro. En las páginas de este libro encontrarás ejemplos de práctica para que copies y mejores tus dibujos.

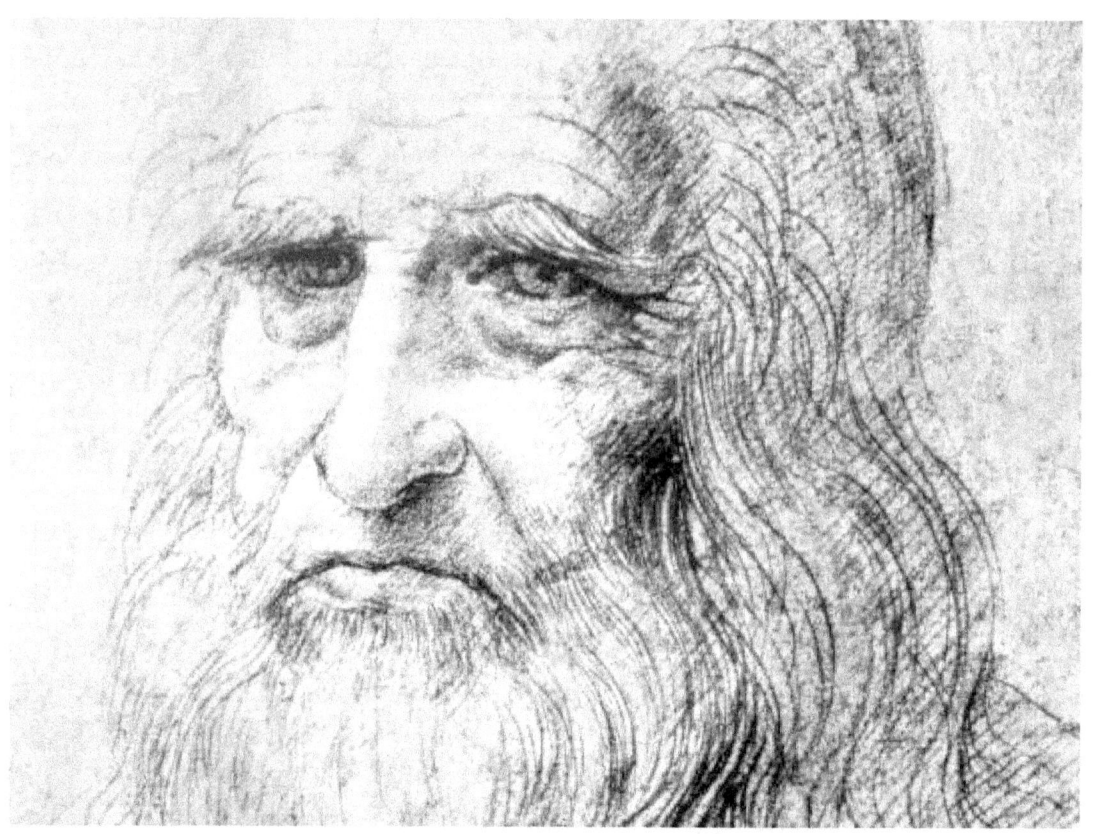

Estudio para autorretrato por Leonardo Da Vinci - 1512

CANON DE PROPORCIONES PARA LA CABEZA HUMANA

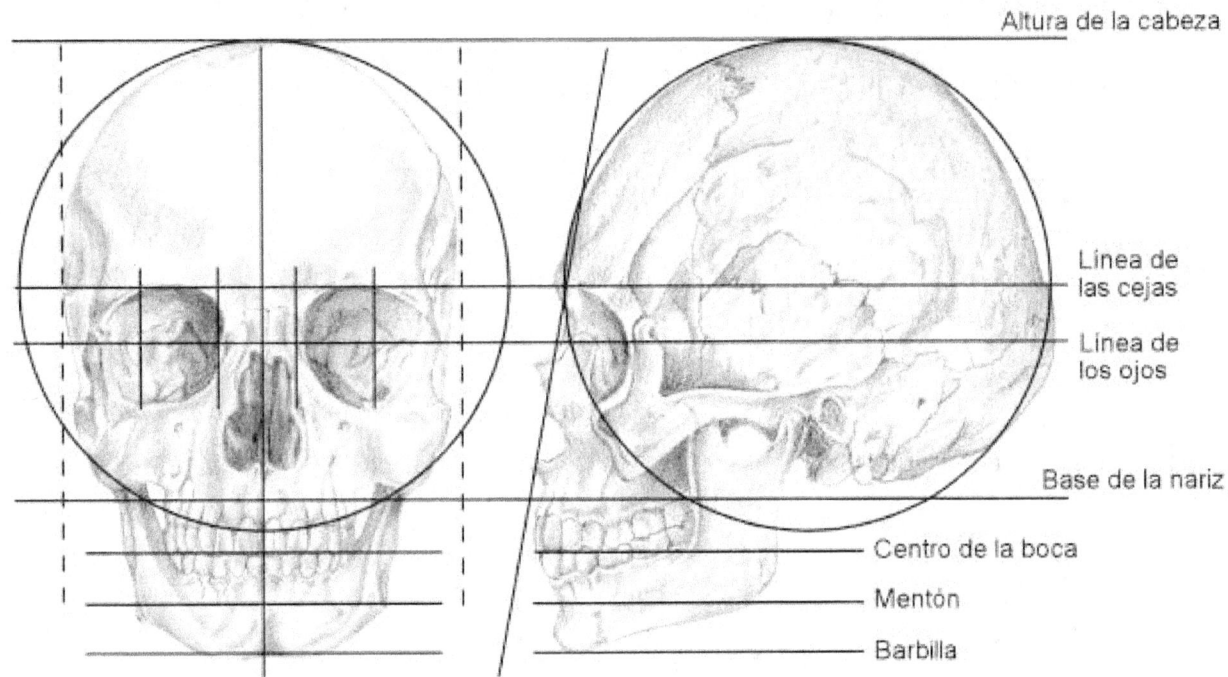

El canon o reglas de proporciones nace de estudios comparativos y cada artista utiliza los esquemas que más se ajusten a su modo de ver (*ideal de belleza*) el rostro humano. Como ya te he mencionado existen varios esquemas para dibujar la cabeza de un hombre estándar a base de círculos, y óvalos que se subdividen en tercios, medios etcétera. Bajo estos puntos de vista y esquemas de proporciones, modificamos para conseguir un canon de proporciones más representativo de la belleza artística del rostro. En este libro te muestro un sistema ovoide dividido en 1/2, 1/4 y 1/3 que por mi experiencia llena todas las exigencias para empezar a dibujar una cabeza humana correctamente. Este canon es aplicable a cualquier ser humano adulto sea masculino o femenino, de edad bien sea joven o mayor, dejando sólo fuera la cabeza de un niño que corresponden a otro patrón de proporciones.

LENGUAJE DE LAS LÍNEAS

En el estudio de las expresiones faciales humanas es importantísimo comprender el lenguaje de las líneas para conseguir un buen dibujo.

Las líneas en una expresión de alegría, de optimismo, de felicidad se elevan o procuran una tendencia vertical hacia arriba.

Por el contrario las líneas que expresan pesar, pena, amargura, descontento corren hacia abajo.

Cuando alguien está enfadado o tiene un arranque de nervios, de cólera usamos líneas radiales para expresar esa energía.

Para resumir la dirección en que dibujamos las líneas tiene gran significado cuando dibujamos expresiones faciales o estados de ánimo.

Recuerdas las caritas felices, observa como en los óvalos fácilmente puedes reconocer risa, llanto o ira con la ayuda de las líneas.

CÓMO FUNCIONAN LAS EXPRESIONES FACIALES

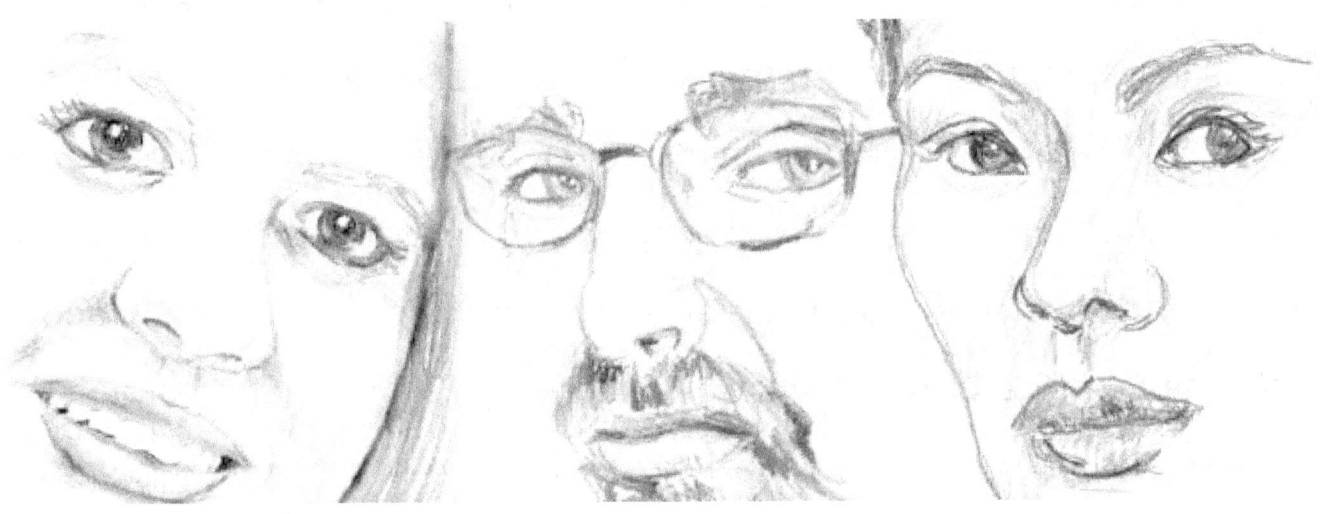

Los músculos del rostro se insertan por un extremo a los huesos del cráneo y por otro a la piel. Al músculo contraerse tiran del lado fijo en el hueso y mueven entonces la piel cambiando las formas exteriores del rostro dando lugar a un cambio en la expresión facial.

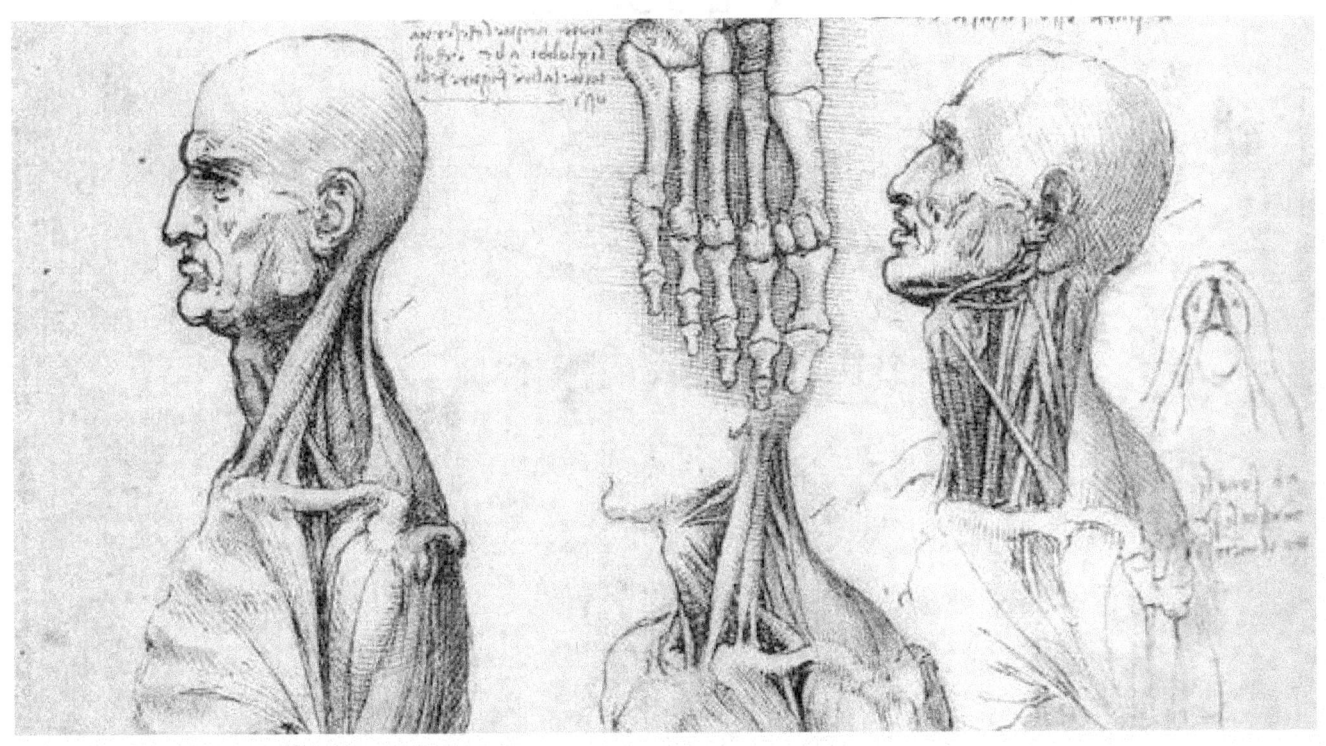

Estudio anatómico realizado por Leonardo Da Vinci

Es entonces sumamente importante para estudiar las expresiones faciales analizar la función de los músculos que intervienen en cada una de ellas. Claro que no profundizaremos como hiciera Leonardo Da Vinci y otros artistas del pasado ni tampoco a descripciones anatómicas complicadas. Tratare hasta donde sea posible el simplificar el análisis del mecanismo y la forma en que se originan las diferentes expresiones en el rostro humano. A estos fines dividiré el rostro en tres regiones partiendo del área superior donde se encuentran la frente y los ojos, un área media donde ubicamos la nariz y los pómulos, la parte inferior del rostro donde se encuentra la boca, la quijada y los músculos del cuello.

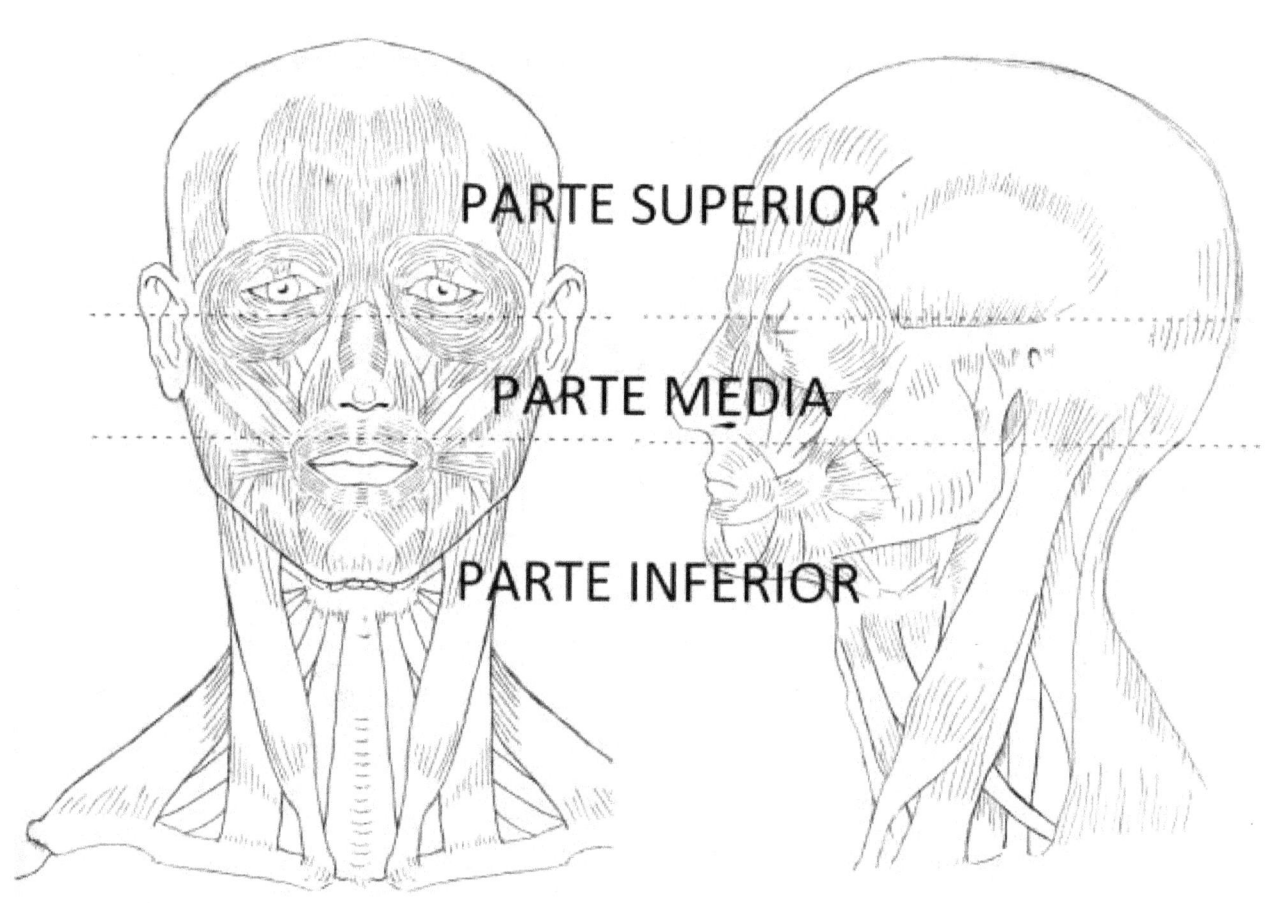

LOS MUSCULOS DE LA PARTE SUPERIOR DEL ROSTRO

Estos músculos se agrupan alrededor de los ojos. Los principales son (1) frontal, (2) orbicular de los parpados y (3) superciliar.

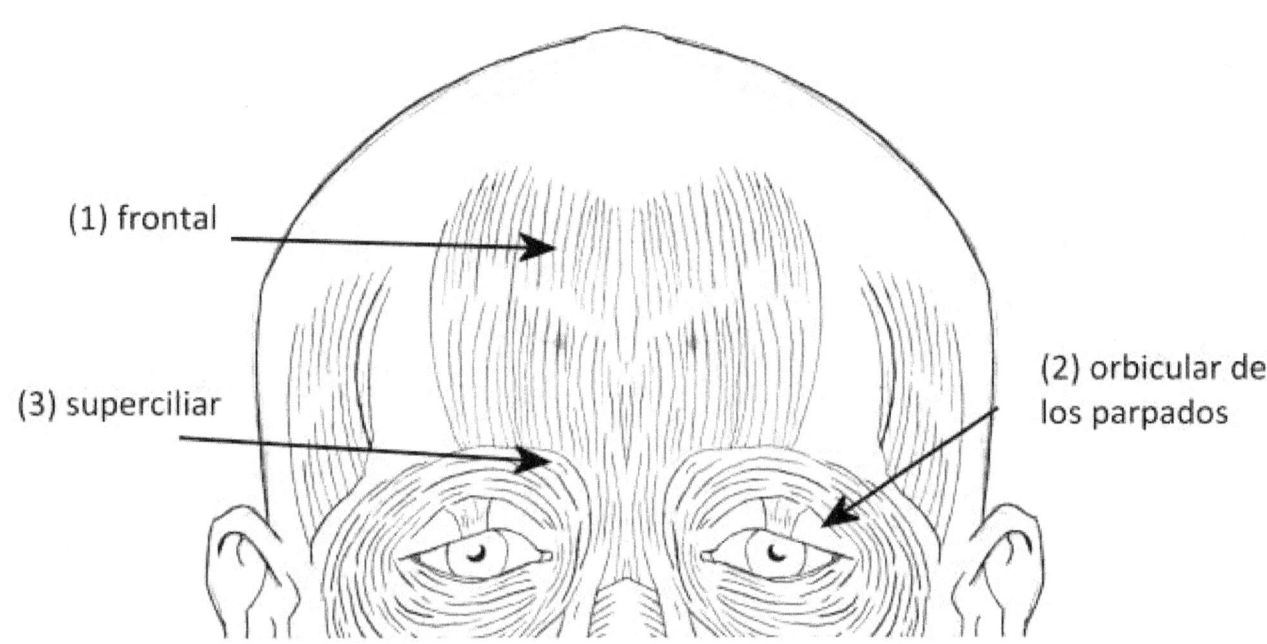

El (1) músculo frontal se inserta en la parte superior del cráneo. Cubre toda la frente y por el otro extremo se une a la piel a la altura de las cejas. Cuando este músculo se contrae produce la elevación de las cejas. Esta contracción muscular se traduce en la expresión de atención y si la contracción es muy marcada en expresión de asombro.

Los (2) músculos orbiculares de los parpados son circulares y rodean los ojos. Estos músculos permiten entrecerrar o abrir el ojo y al combinarse con la acción de descontento y fastidio de la boca se produce la expresión de desprecio y desdén. Cuando el músculo se contrae, la curvatura superior desaparece enderezando las cejas y se produce una expresión de meditación.

El (3) músculo superciliar es pequeño y está por un lado insertado en el cráneo detrás de la parte media de las cejas. Cuando este músculo tira, quiebra las cejas provocando una expresión propia de dolor.

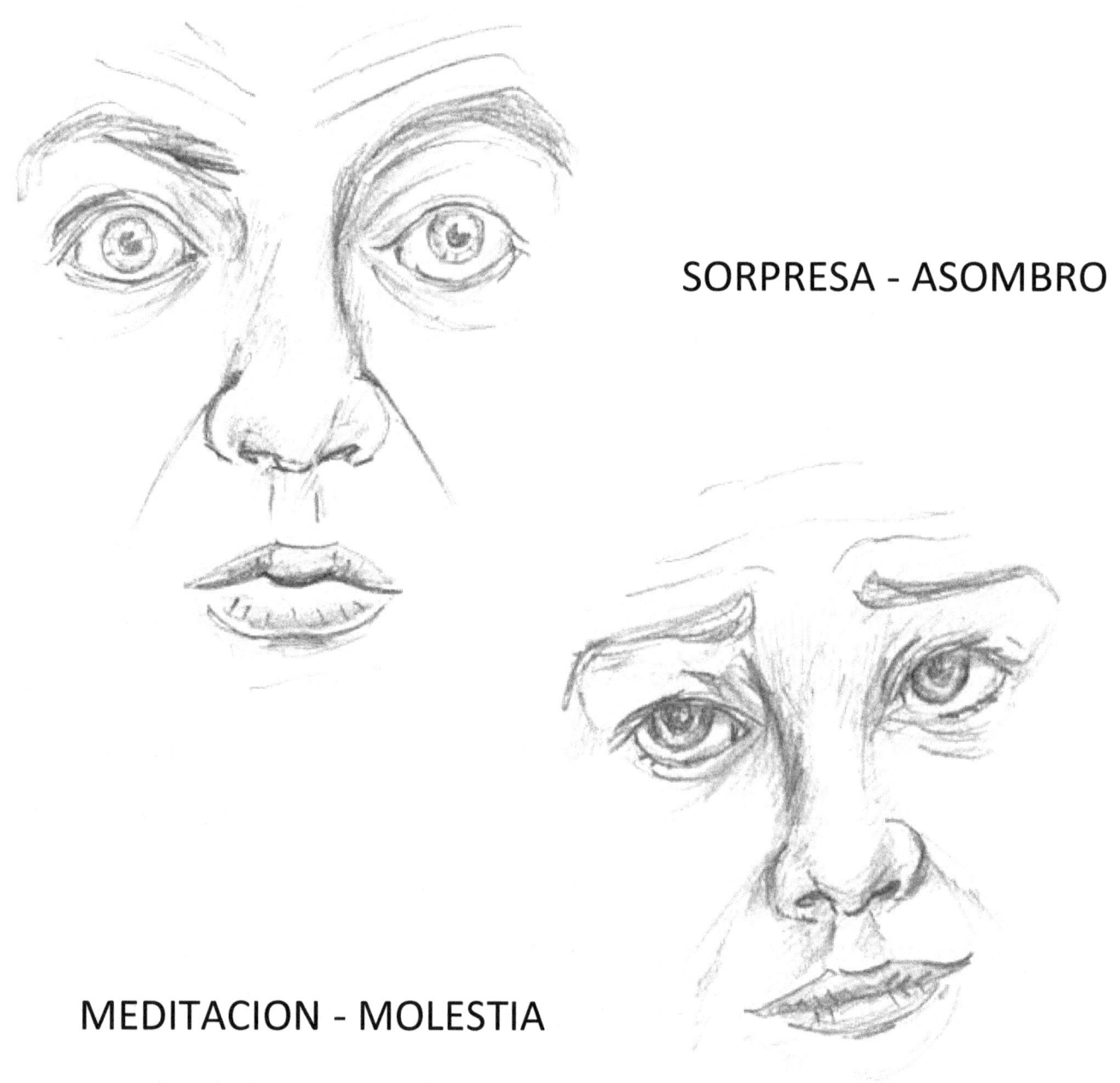

SORPRESA - ASOMBRO

MEDITACION - MOLESTIA

LOS MUSCULOS DE LA PARTE MEDIA DEL ROSTRO

Estos músculos se agrupan alrededor de la nariz. Los principales son (4) risorio, (5) cigomático menor, (6) cigomático mayor y (7) elevador común.

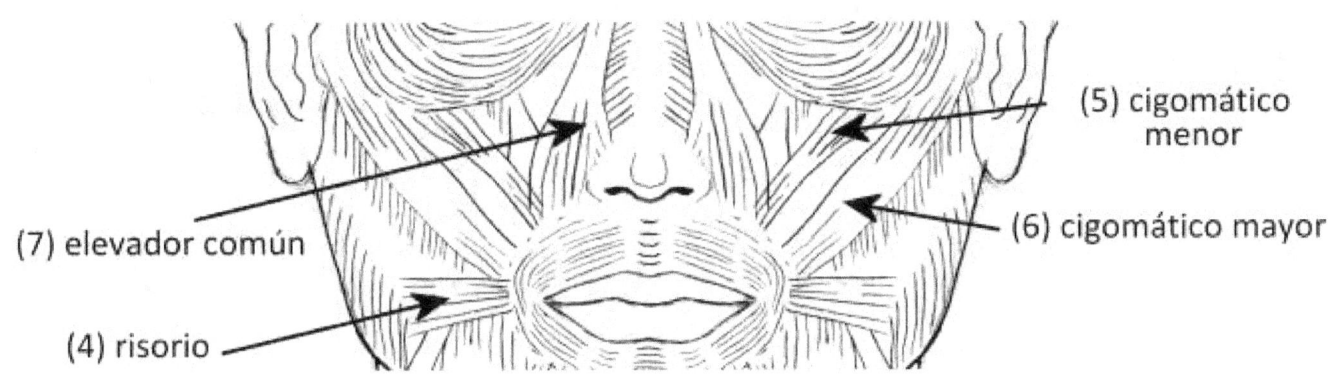

EL (4) músculo risorio tiene su inserción en los pómulos y se extiende hasta las comisuras de los labios. Cuando este músculo se contrae se origina la expresión característica de la risa.

El (5) músculo cigomático menor y (6) el cigomático mayor tienen su inserción fija en los pómulos y su otro extremo se dirige al labio superior. Cuando estos músculos tiran, curvan hacia arriba el labio sin modificar la comisura produciendo en la boca el aspecto de un arco. Estos músculos producen una expresión de sollozo, desagrado y congoja.

El (7) músculo elevador común tiene su inserción fija en el borde interno de la órbita del ojo y el otro extremo en el ala de la nariz y en la parte media del labio superior. Al contraerse este músculo produce en la boca un efecto similar a los (5) cigomáticos menor y (6) mayor pero mucho más pronunciado agrandando además los orificios nasales lo que se convierte en expresión de llanto o lagrima viva.

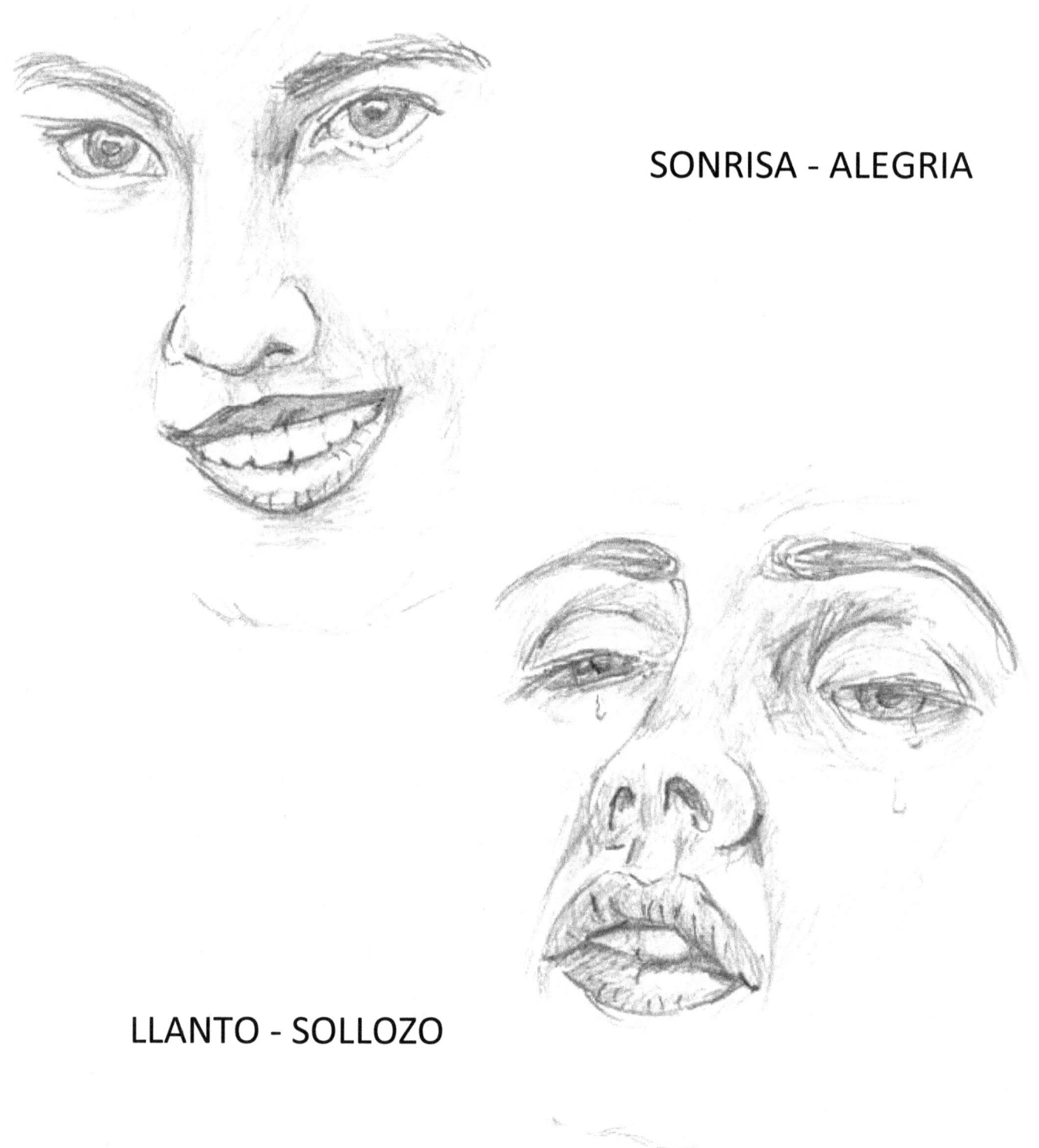

SONRISA - ALEGRIA

LLANTO - SOLLOZO

LOS MUSCULOS DE LA PARTE INFERIOR DEL ROSTRO

Estos músculos se agrupan alrededor de la boca. Los principales son el (8) orbicular de los labios, (9) cuadrado del mentón, y (10) triangular de los labios.

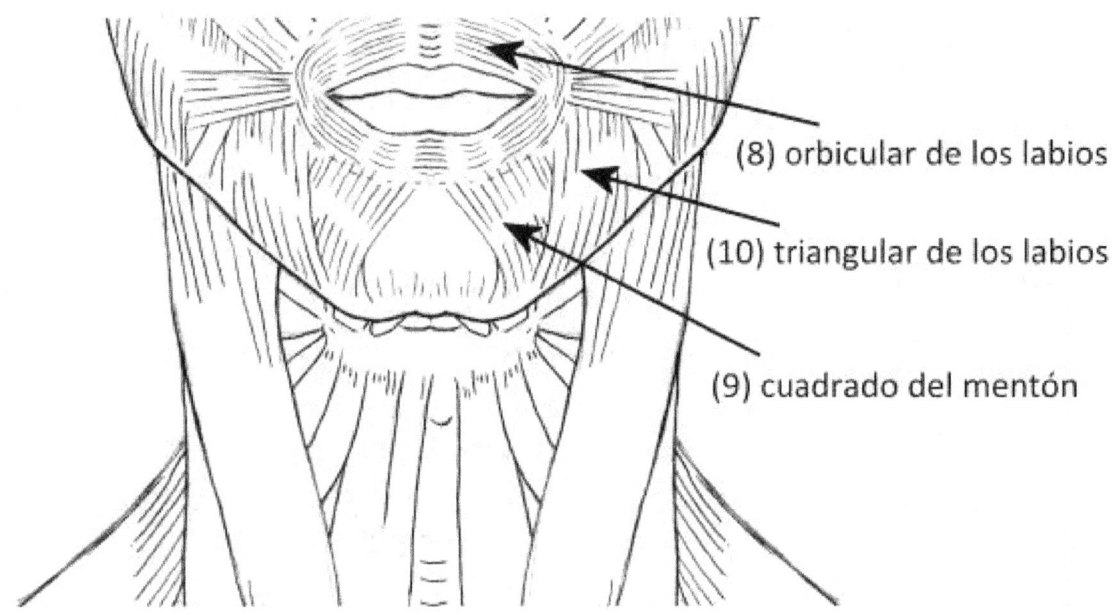

El (8) músculo orbicular de los labios es circular y rodea la boca en una órbita interna y otra órbita externa. Cuando la órbita interna se contrae da lugar a una expresión de morderse los labios. Si es la órbita externa la que se contrae los labios tiran hacia adelante produciendo la expresión de burla o de un beso.

El (9) músculo cuadrado del mentón tiene inserción fija en la mandíbula inferior y por el otro lado se adhiere a la comisura de los labios. Cuando este músculo se contrae, tira hacia abajo las comisuras y según cuan fuerte sea esta contracción origina una expresión de tristeza o desprecio.

El (10) músculo triangular de los labios está insertado en la mandíbula inferior con el otro extremo adherido a los labios. Si se contraen con mucha fuerza, producen la expresión de asco o disgusto.

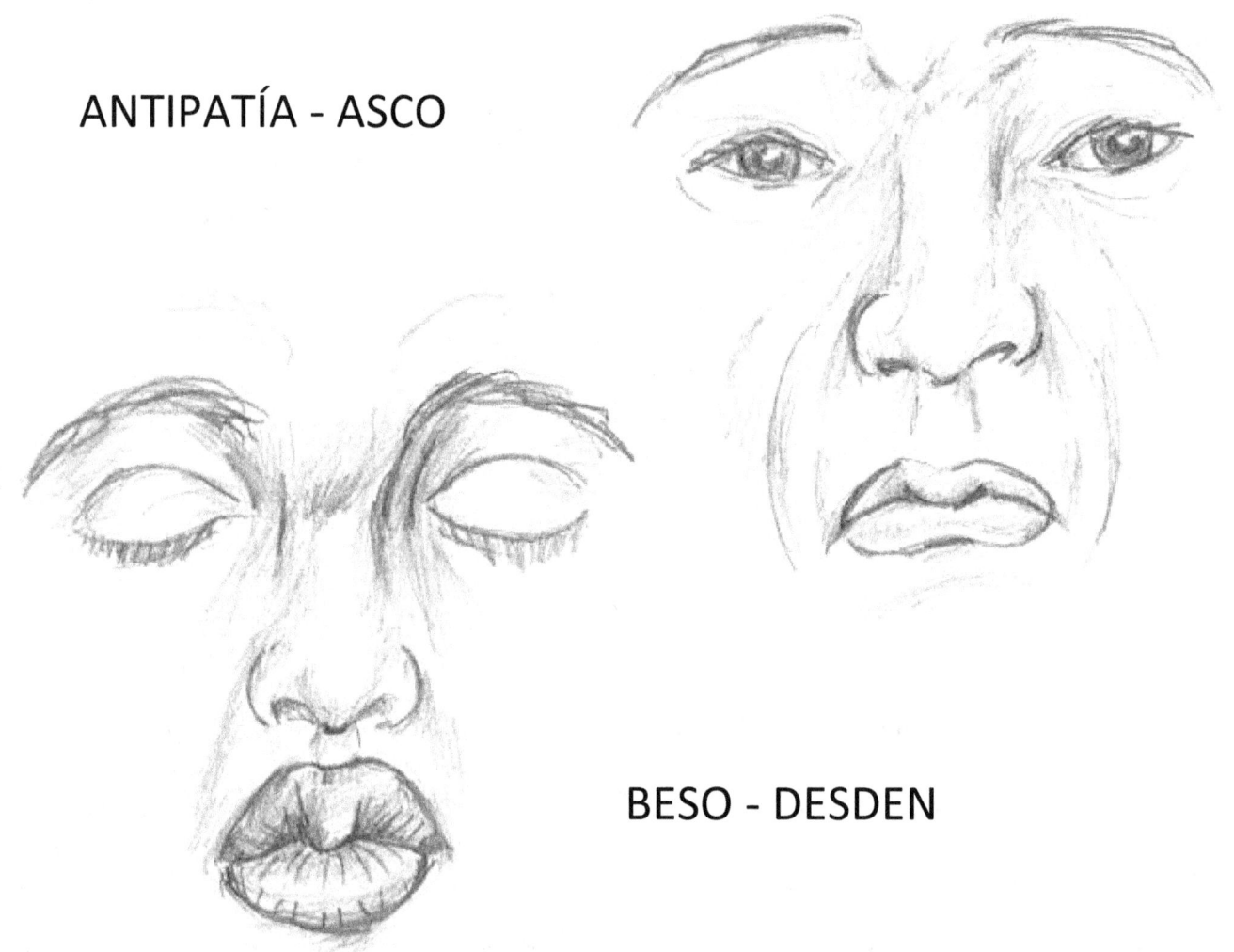

ANTIPATÍA - ASCO

BESO - DESDEN

Los músculos del cuello tienen su inserción fija en la parte superior del pecho. Su parte más alta tira de la piel desde la zona de las orejas hacia la boca. Al estos músculos contraerse tiran de las mejillas, de la comisura de los labios, del labio inferior y de la piel de la barbilla. Al combinarse los músculos del cuello con los músculos del rostro producen mayor intensidad en determinadas expresiones como la euforia o un dolor intenso.

LOS OJOS

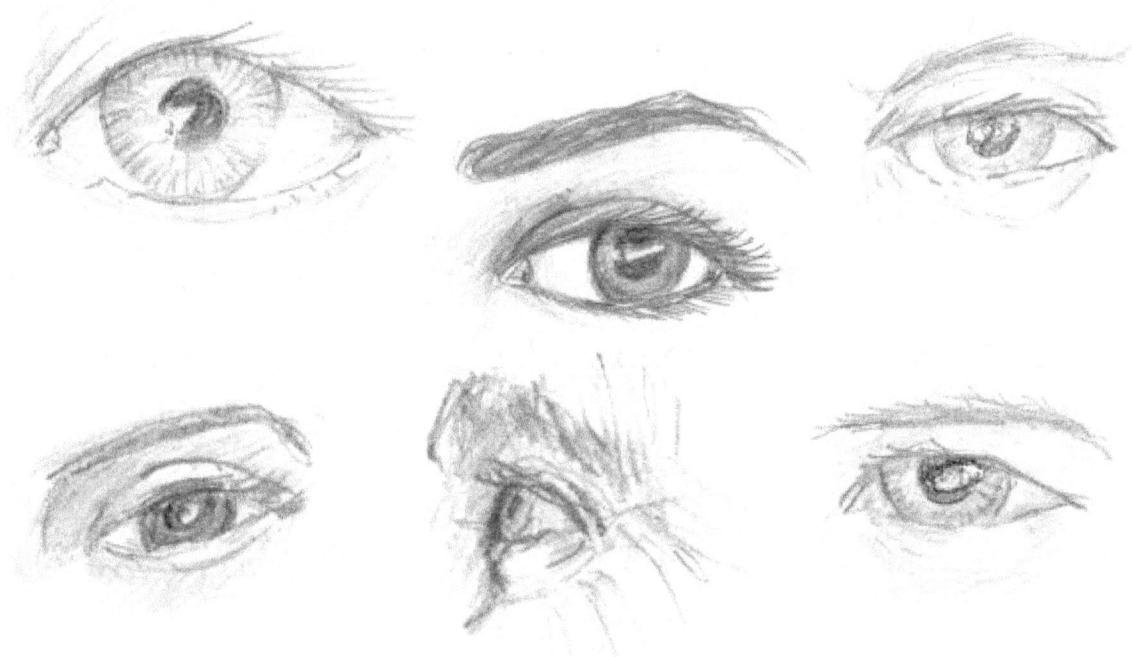

LAS PARTES ANATOMICAS DEL OJO

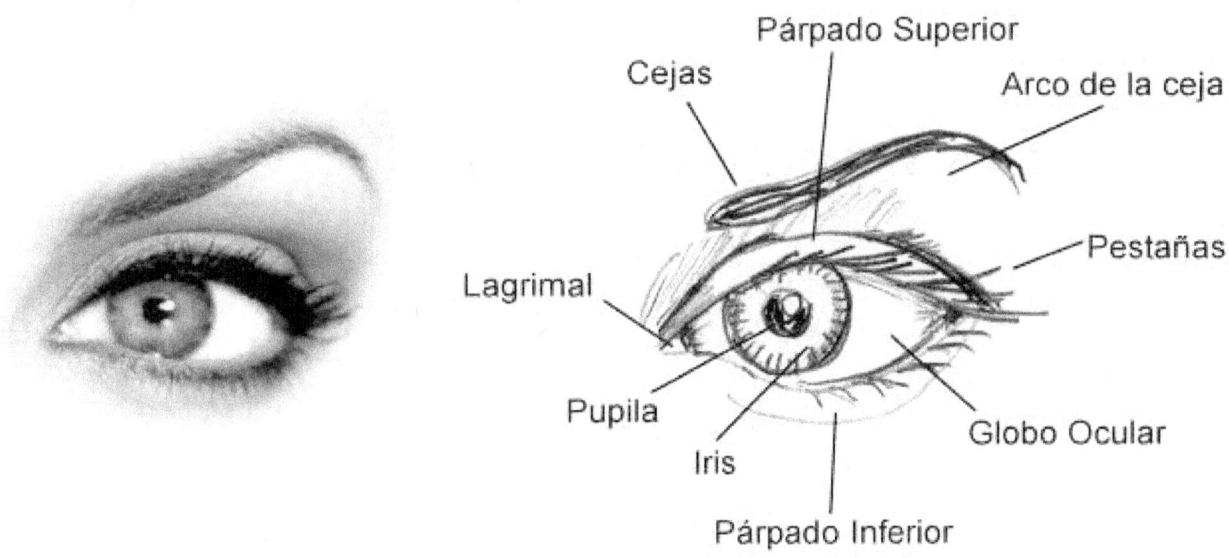

Cuando dibujas las partes del rostro debes resolver el problema de construcción, de anatomía y de expresión. *"Los ojos son el espejo del ama"* es una frase muy repetida ya que ellos son de gran expresividad en el rostro.

Mediante las expresiones de los ojo percibimos dolor, alegría, tristeza, melancolía, asombro y muchas más emociones y estados anímicos de las perdonas. Los ojos al igual que la boca son las partes de mayor expresividad en el rostro. Junto con los ojos, la cara es nuestro mejor medio para comunicarnos sin palabras. La utilizamos para indicar lo agradables que somos como personas, para expresar nuestro actual estado de ánimo, para mostrar la atención que prestamos a los demás, etcétera. Por lo tanto, las expresiones faciales refuerzan el impacto de los mensajes verbales.

LA NARIZ

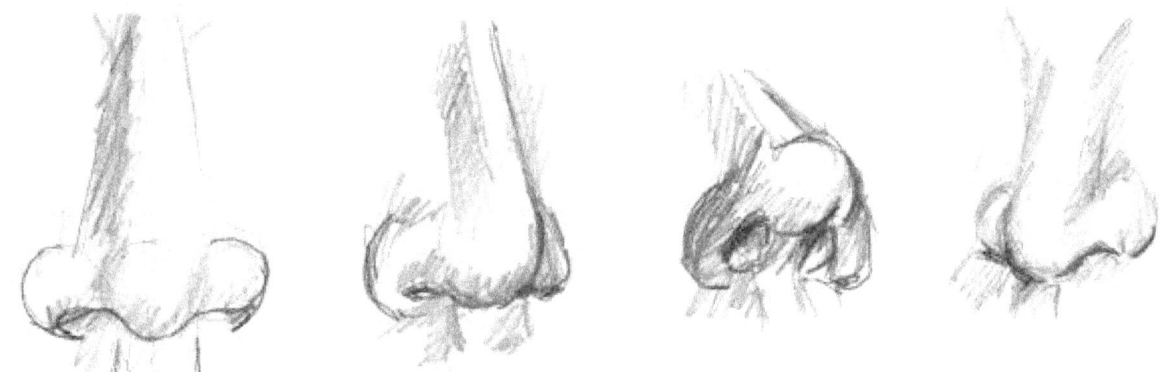

LAS PARTES ANATOMICAS DE LA NARIZ

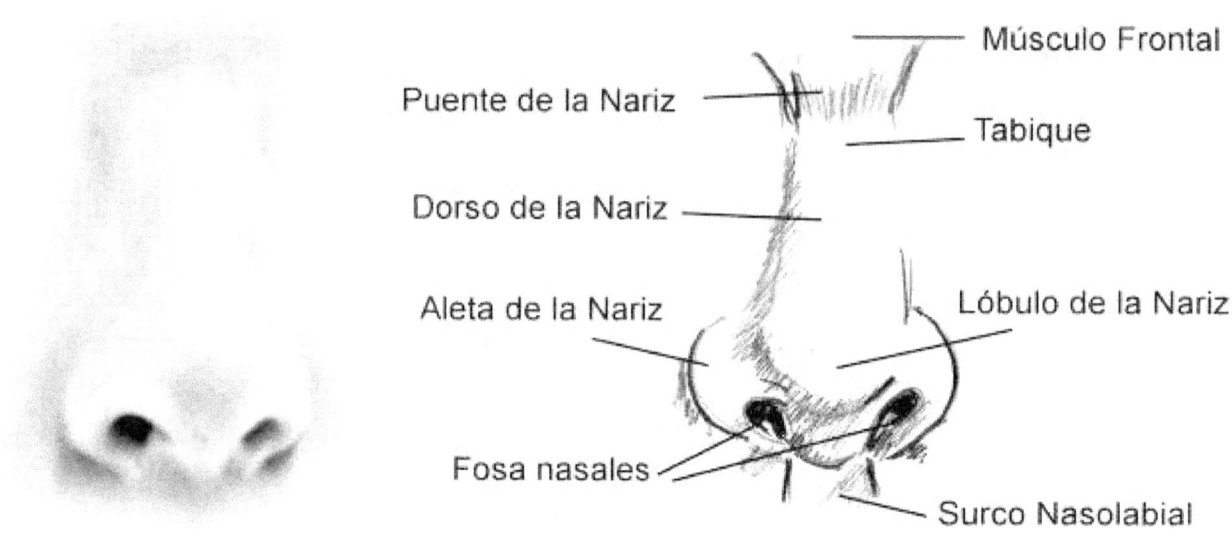

Una de las partes del rostro más difíciles de dibujar es la nariz, sin embargo esta tiene muy poco movimiento, solo en las aletas, el lóbulo y las fosas nasales.

LA BOCA

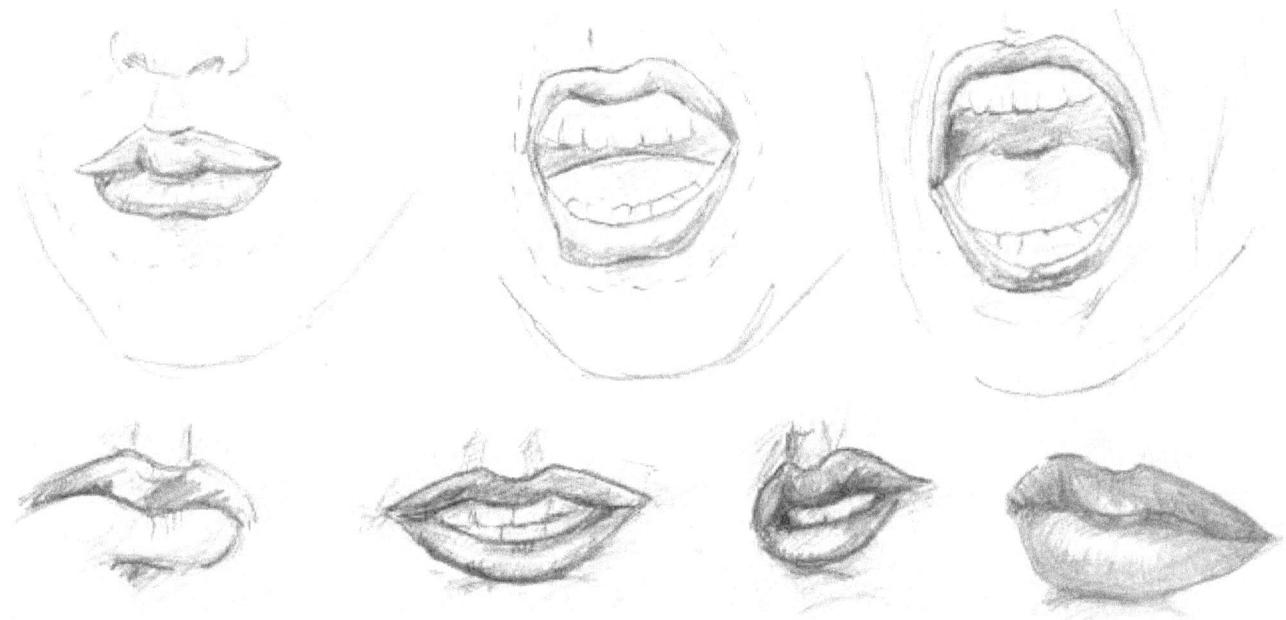

LAS PARTES ANATOMICAS DE LA BOCA

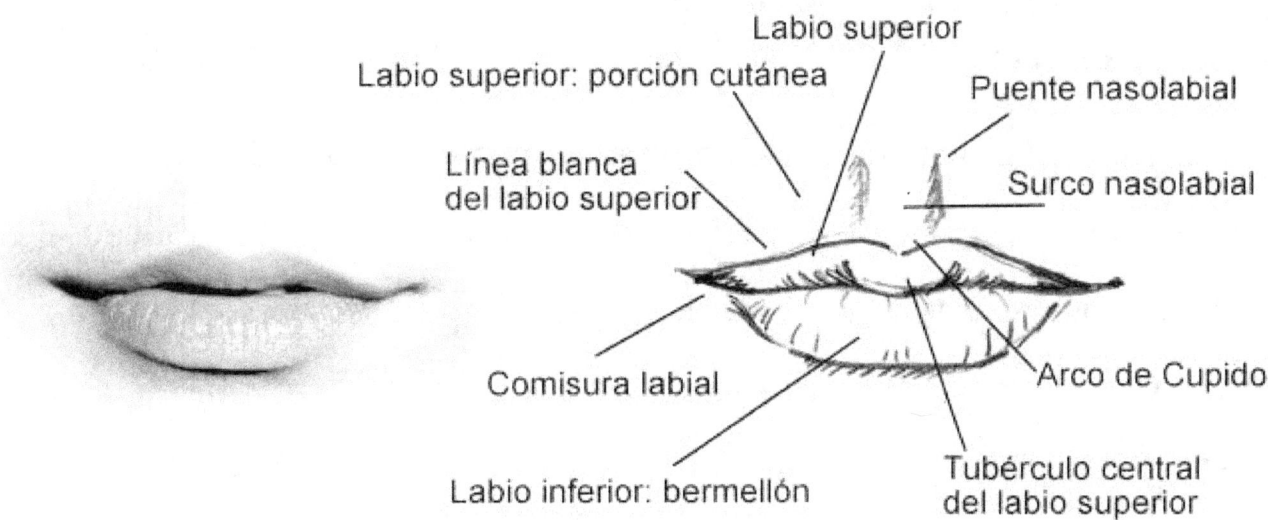

La boca como los ojos son de gran expresividad y nos revela el estado de ánimo del modelo, estas son las partes de mayor expresión en un rostro.

Podemos a través del dibujo de la boca transmitir una emoción al dibujo de alegría, sorpresa, coraje, miedo, asco, tristeza y sobriedad. Debes observar a las personas y como son sus gestos ante diversas situaciones. Busca fotografías en revistas para que hagas un estudio de las diferentes expresiones. Identifica las partes de la boca y cómo estas cambian según la edad, sexo y raza. A la boca debemos dedicar gran atención al dibujarla porque una leve desviación en un trazo, dará un cambio importante a la expresión del retrato.

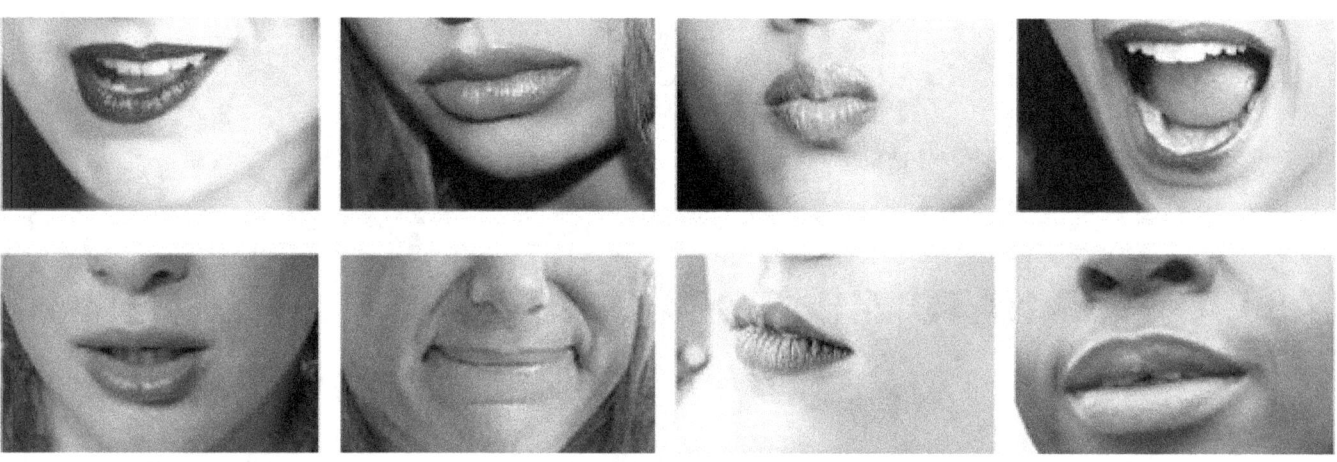

La función principal de la cara en el lenguaje corporal es la expresión de las emociones; aunque otras partes del cuerpo también contribuyen al uso que hacemos del lenguaje corporal. La gama de expresiones es muy amplia, pero hay un número de expresiones primarias que la mayoría de nosotros podemos reconocer con cierta confiabilidad. Paul Ekman y Wallace Friesen, han descubierto que hay 6 expresiones faciales principales reconocidas en todas las culturas del mundo., según un estudio de la Universidad de Ohio (EE.UU.). son reconocibles en el rostro humano hasta 21 emociones.

EXPRESIONES FACIALES UNIVERSALES

Alegría

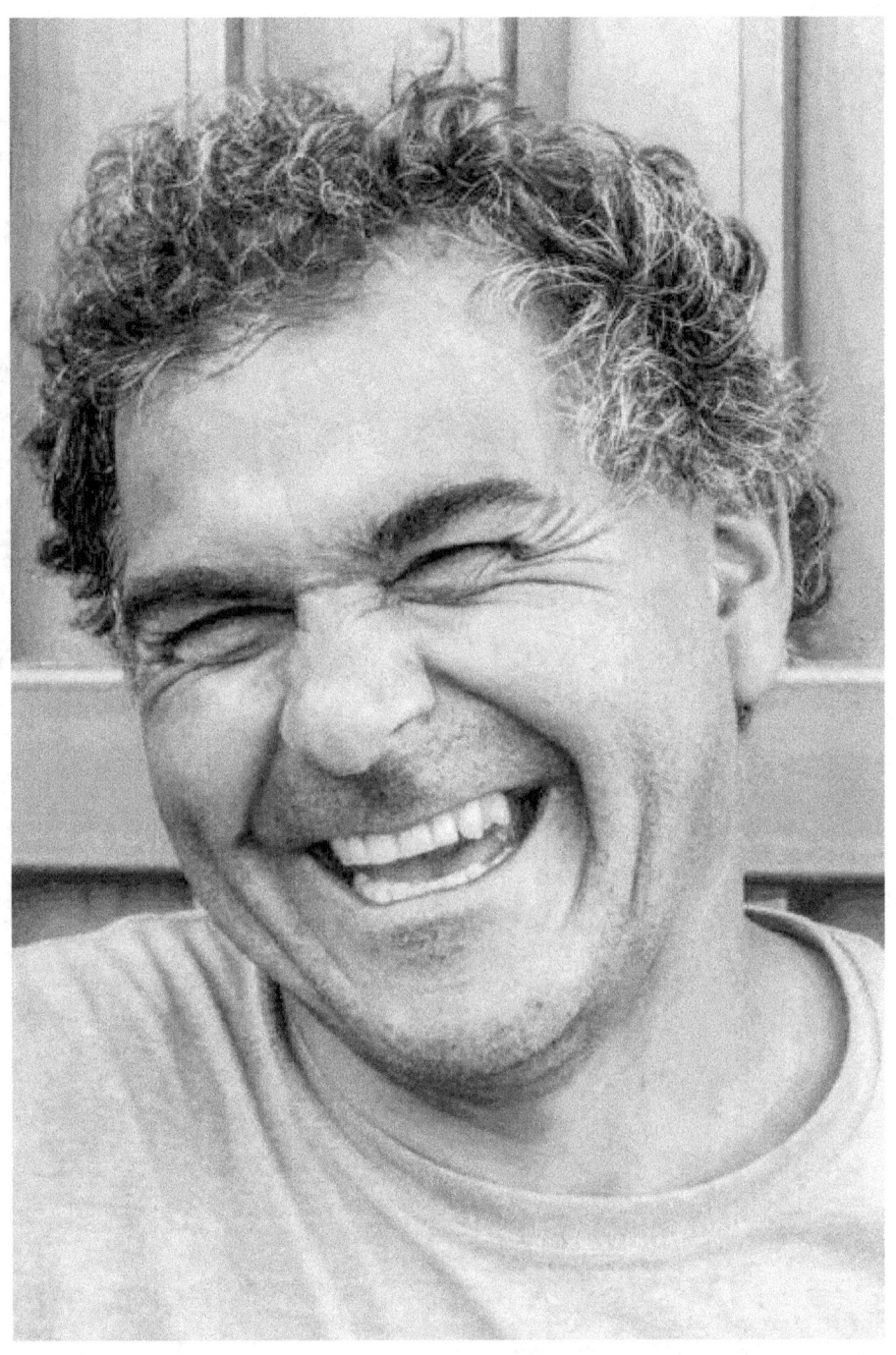

Se manifiesta con sonrisas ligeras, normales o amplias. Se suelen emplear como un gesto de saludo o aprobación, para expresar diversos grados de placer, regocijo, satisfacción o felicidad. Se produce mediante la contracción del músculo que va del pómulo al labio superior y del orbicular que rodea al ojo. Las mejillas se elevan.

Tristeza

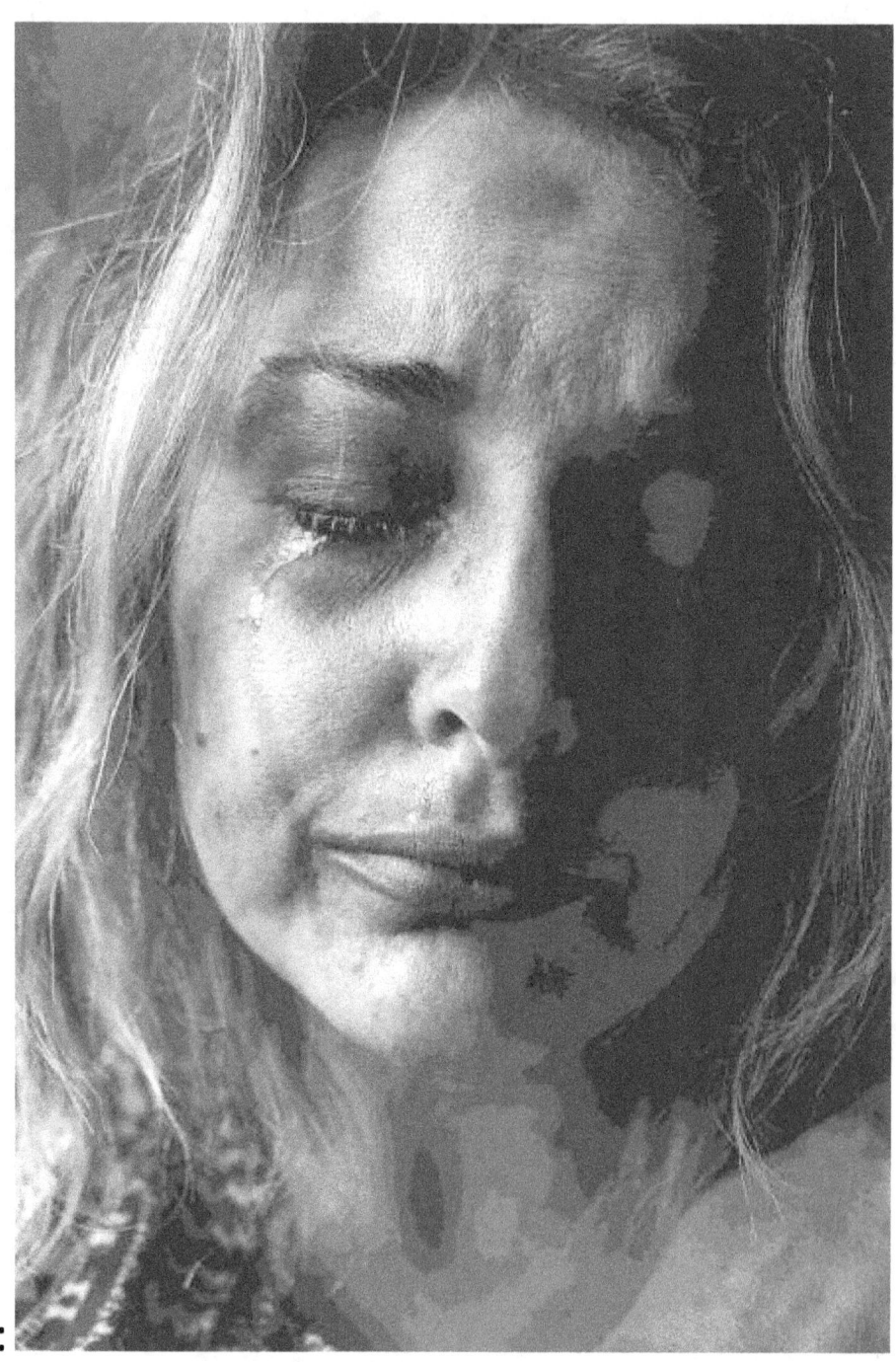

Se distinguen por la falta de expresión y por rasgos como la inclinación descendente de las comisuras de la boca, cejas normalmente inclinadas, mirada baja y decaimiento general de las facciones. Se manifiesta cuando los párpados superiores caen y las cejas se angulan hacia arriba. El entrecejo se arruga y los labios se estiran de forma horizontal.

Ira:

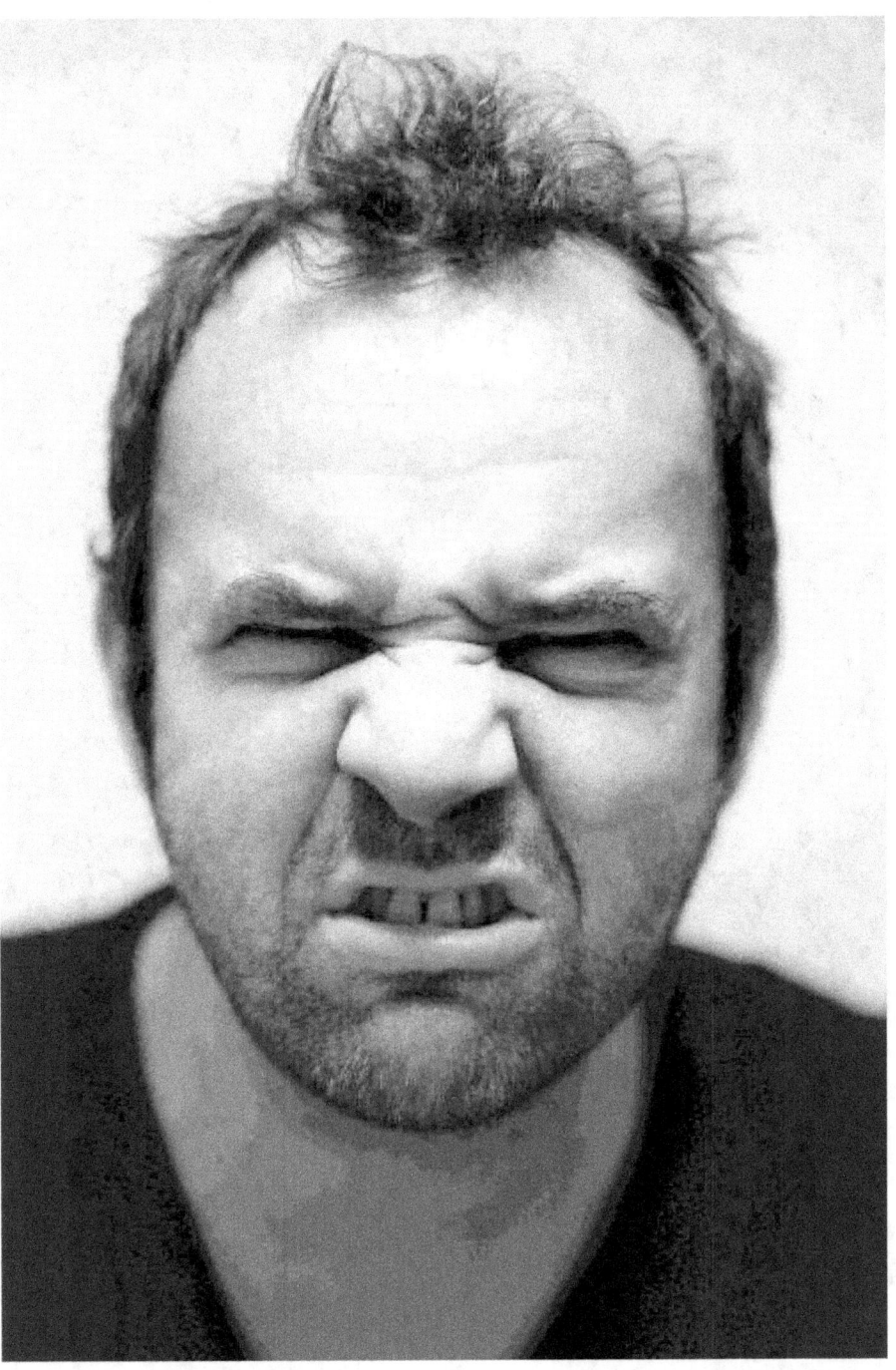

Suele estar caracterizada por mirada fija hacia la causa de la ofensa, boca torcida o entre abierta y dientes fuertemente apretados, ojos y las cejas se juntan hacia abajo ligeramente inclinadas para expresar enfado y tendencia a apretar los dientes. Las manos cerradas haciendo presión y conteniendo el sentimiento disgusto o molestia.

Sorpresa:

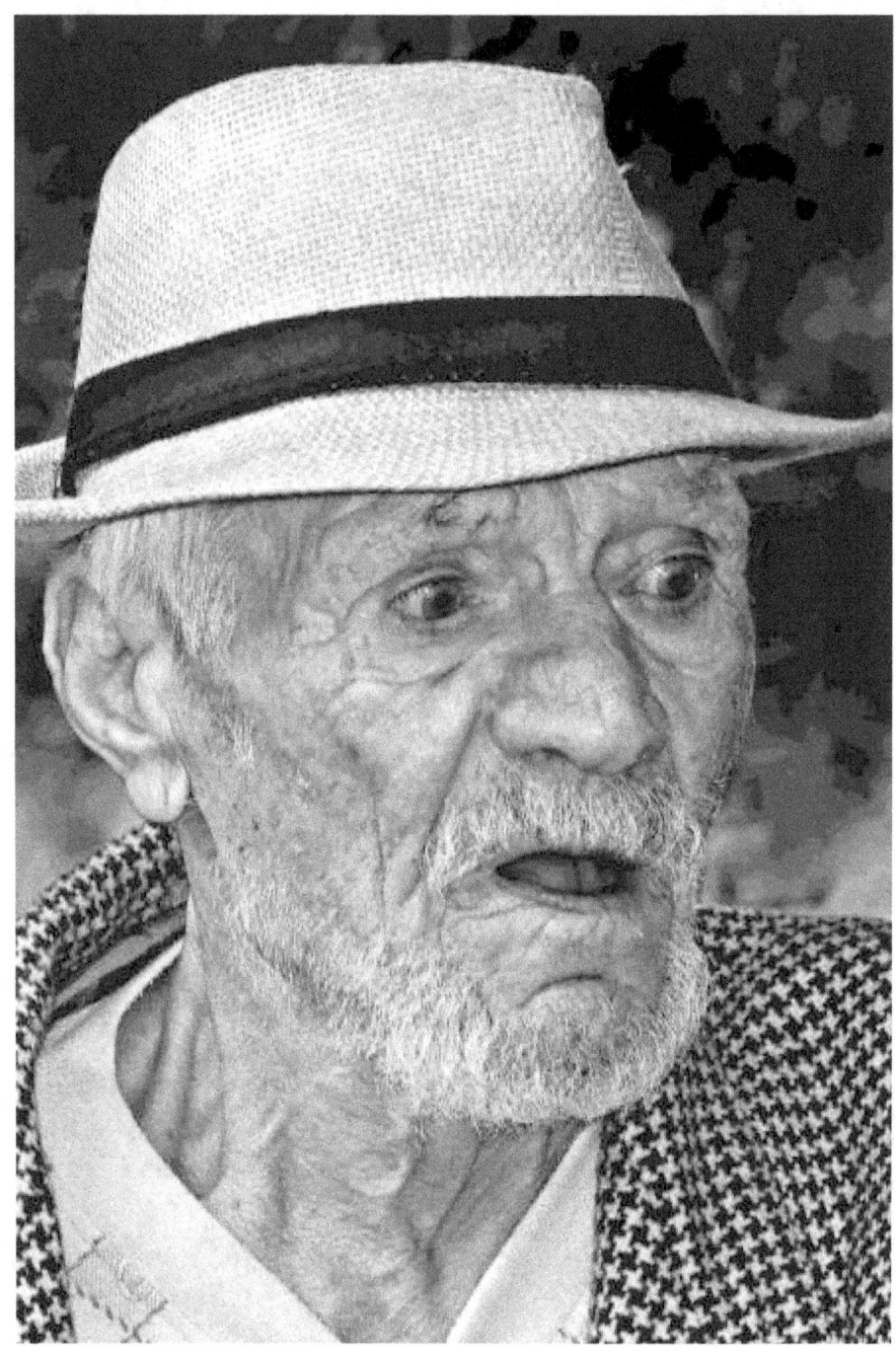

Otros rasgos son: Los párpados superiores suben, pero los inferiores no están tensos. Los ojos más abiertos de lo normal y la boca ligeramente abierta. La mandíbula suele caer y la cabeza se inclina en un determinado ángulo hacia el punto de interés.

Miedo:

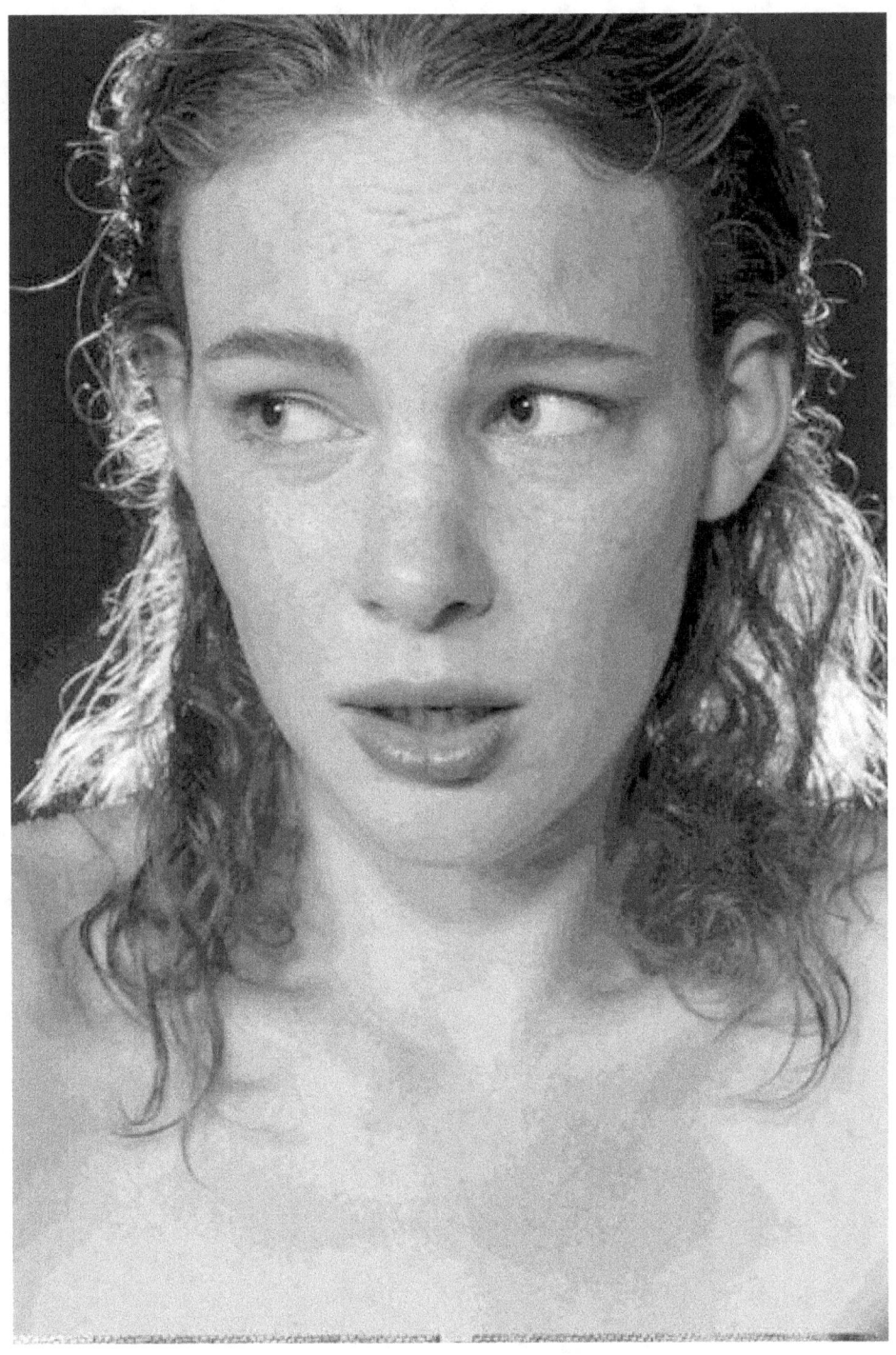

Sigue a la sorpresa y no tiene una única forma de expresión que revele su presencia. Puede ponerse de manifiesto a través de unos ojos muy abiertos, los párpados superiores elevados al máximo e inferiores tensos. Las cejas levantadas se acercan. La boca abierta, los labios se alargan hacia atrás y un temblor generalizado afecta la cara y al resto del cuerpo.

Asco:

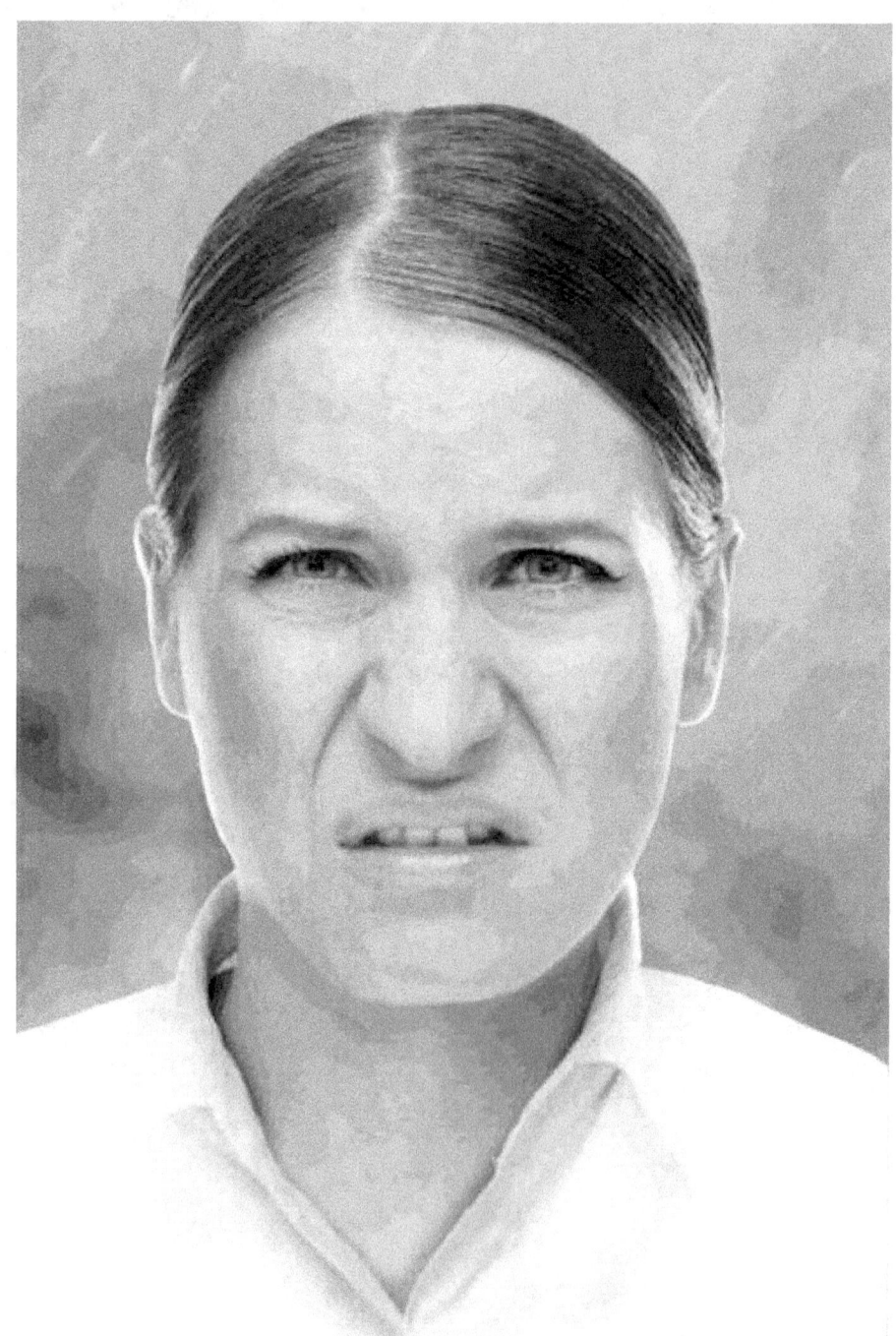

Se expresan con encogimiento de los ojos y fruncimiento de la boca. La nariz suele estar arrugada por la contracción del músculo que frunce la nariz y estrecha los ojos. El gesto de la nariz arrugada es simultáneo al de la elevación del labio superior. En ocasiones la cabeza da vuelta de lado para evitar tener que mirar la causa de tal reacción. Un extremo del labio superior se levanta mientras el lado opuesto queda en su posición original. Es la única expresión facial que se da en solo una parte del rostro es decir en la mitad del mismo.

Puedes modificar o combinar esas emociones para formar las que vemos a diario, por ejemplo variar la intensidad, cada una tiene un significado especial y un nombre: serio, indignado, furioso, mucha rabia, desdén, rechazo, disgusto, repugnancia, preocupación, ansiedad, miedo, terror, satisfacción, diversión, alegría, risa, desanimo, melancolía, duelo, atención, admiración, sorpresa, "shock" entre otras. Si te gusta dibujar personajes, caricaturas, súper héroes, animes, mangas practica dibujándolos con diferentes expresiones y emociones humanas.

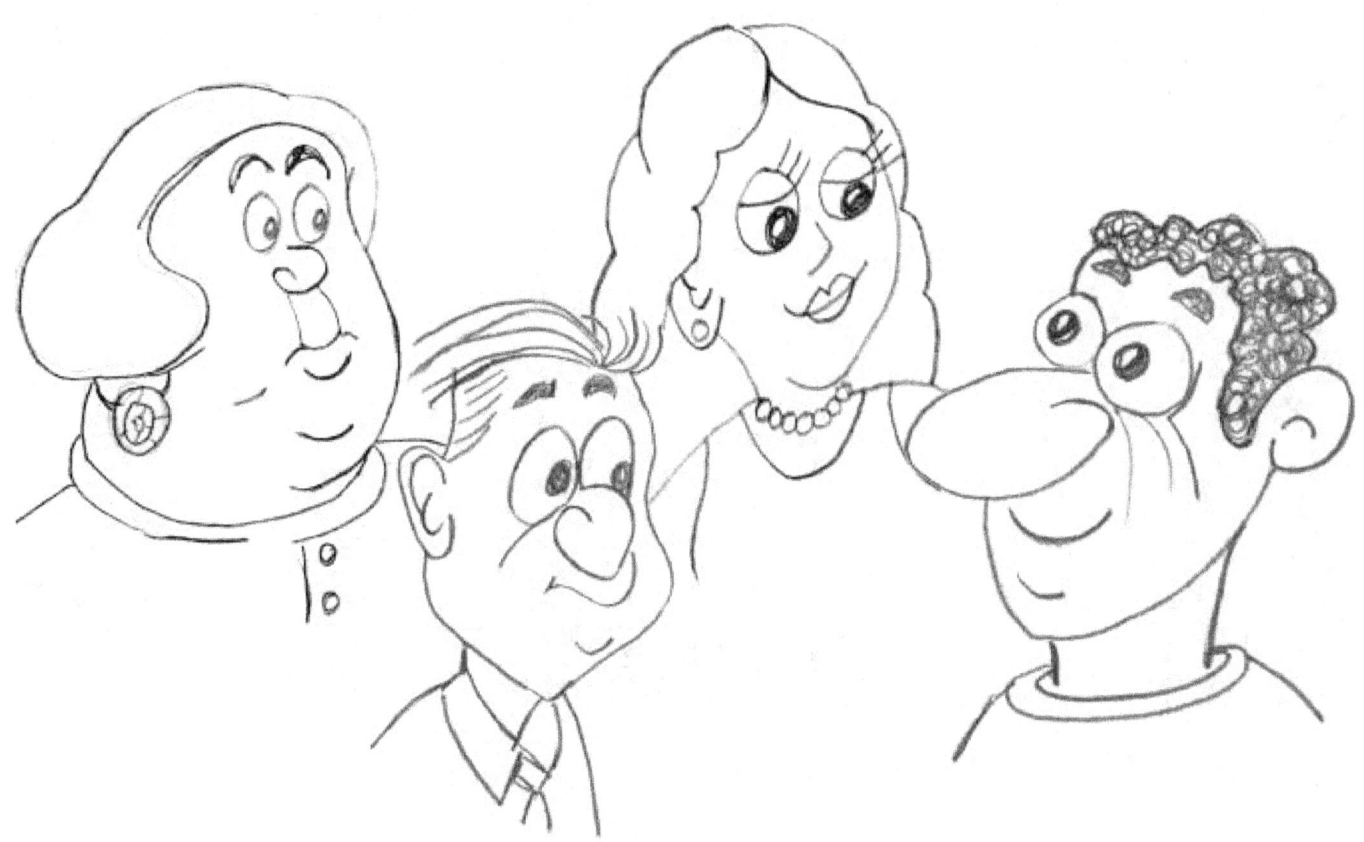

Personajes del libro "Aprende a dibujar Caricaturas" Colección Borges Soto, Volumen 3

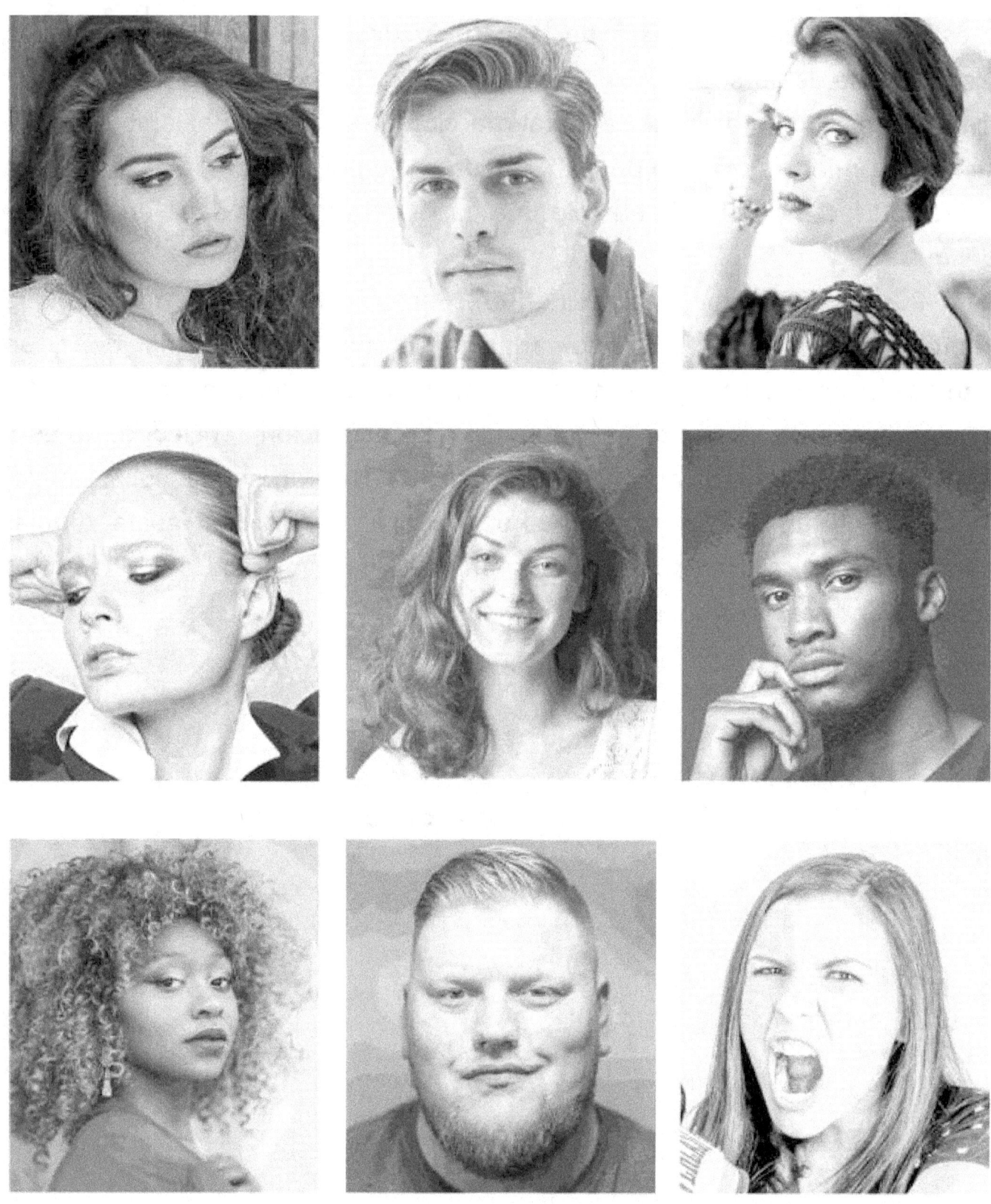

Aquí tienes algunas fotografías con ejemplos de expresiones faciales que puedes usar de modelo para tus dibujos. Disponibles en www.PEXELS.com

DIBUJEMOS JUNTOS PASO A PASO

En las siguientes páginas encontrarás ejemplos que te ayudarán a comprender las diferentes expresiones del rostro humano. Ya hemos comentado datos indispensables para el dibujo de un rostro en libros anteriores: *"Como Dibujar Partes del Rostro"* y *"Como Dibujar Personas"*, ya sabes de proporciones, de la forma de los rostros y de la fisonomía de cada una de las partes que componen una cabeza. En este libro enfatizaremos lo importante de algunos músculos de la cabeza necesarios para las diferentes expresiones faciales y estados de ánimo.

La información que necesitas a partir de este momento y que se incluye en este libro te ayudará a comprender mejor el modelo que desees dibujar. Cuando trabajes del natural es muy importante mantener el mismo punto de observación, bocetar y trazar las líneas guías con toda la información de la pose que recibes del modelo. Cuando se trabaja de fotografías o de otros dibujos 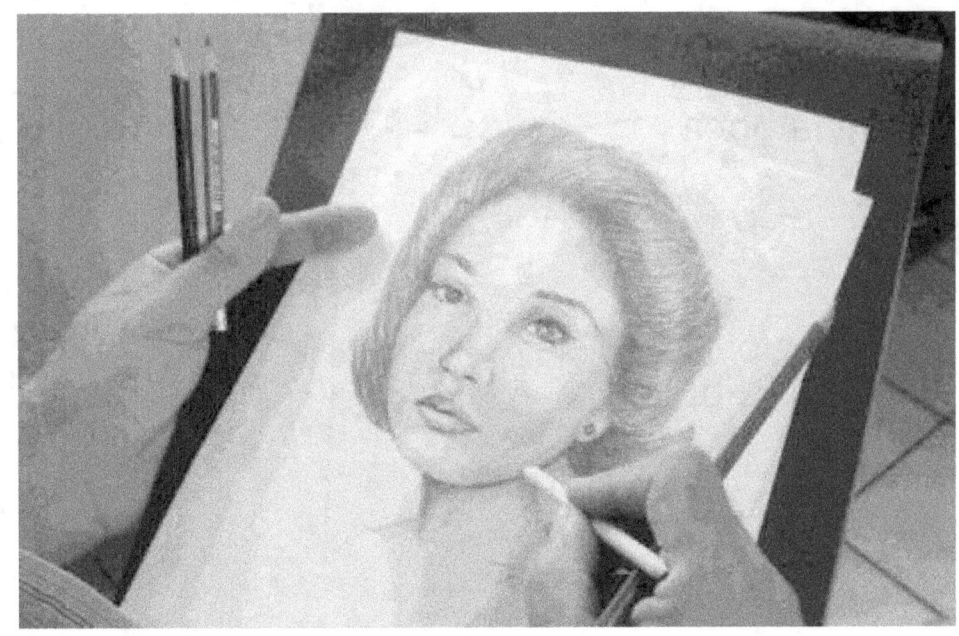 siempre tendrás el mismo punto de observación que usó el artista o el fotógrafo. Sígueme paso a paso copiando los siguientes dibujos para que veas ejemplos de diferentes expresiones y sus características anatómicas.

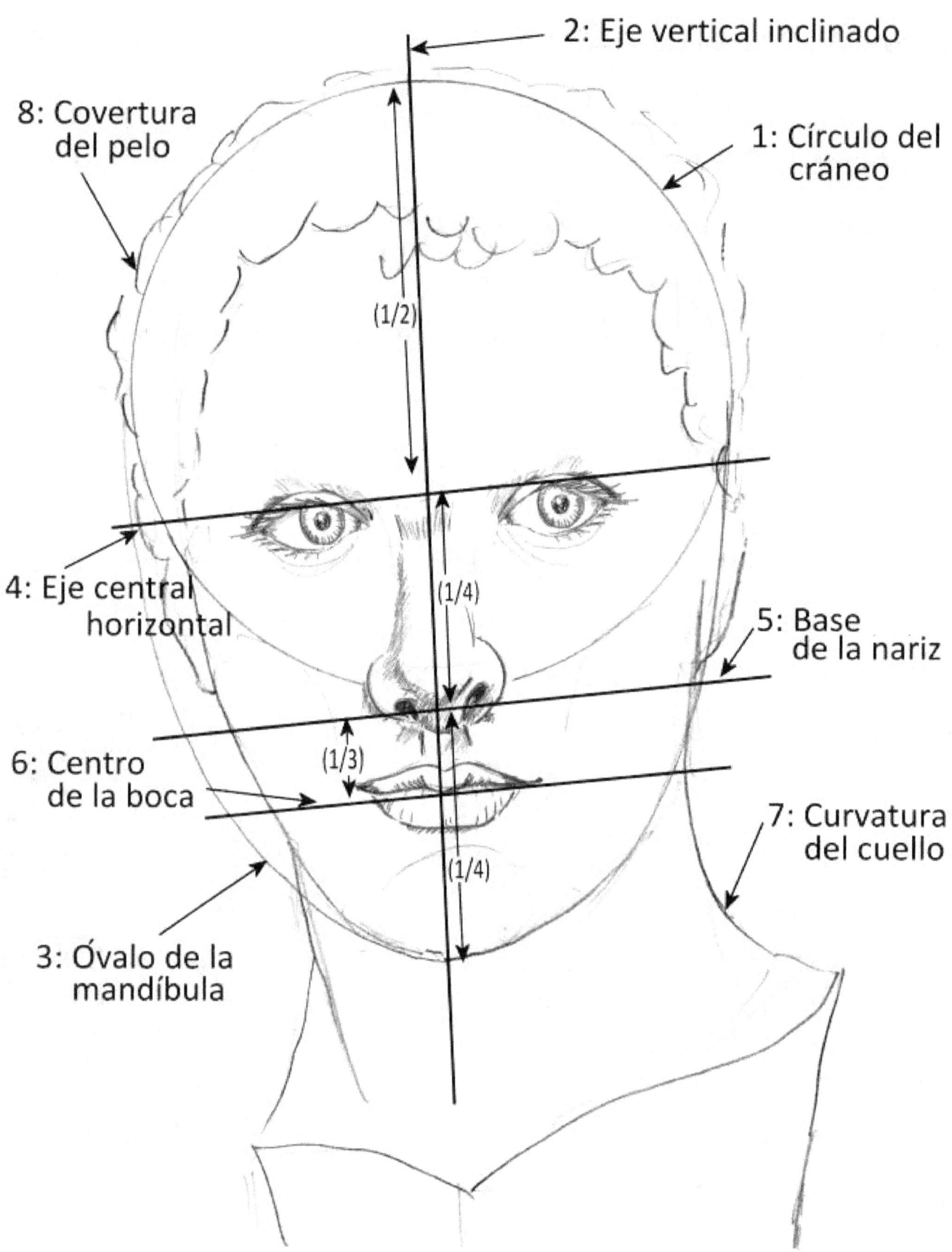

Usaré este dibujo como base para mostrarte diferentes expresiones faciales cambiándole las partes del rostro y la acción de los músculos usados.

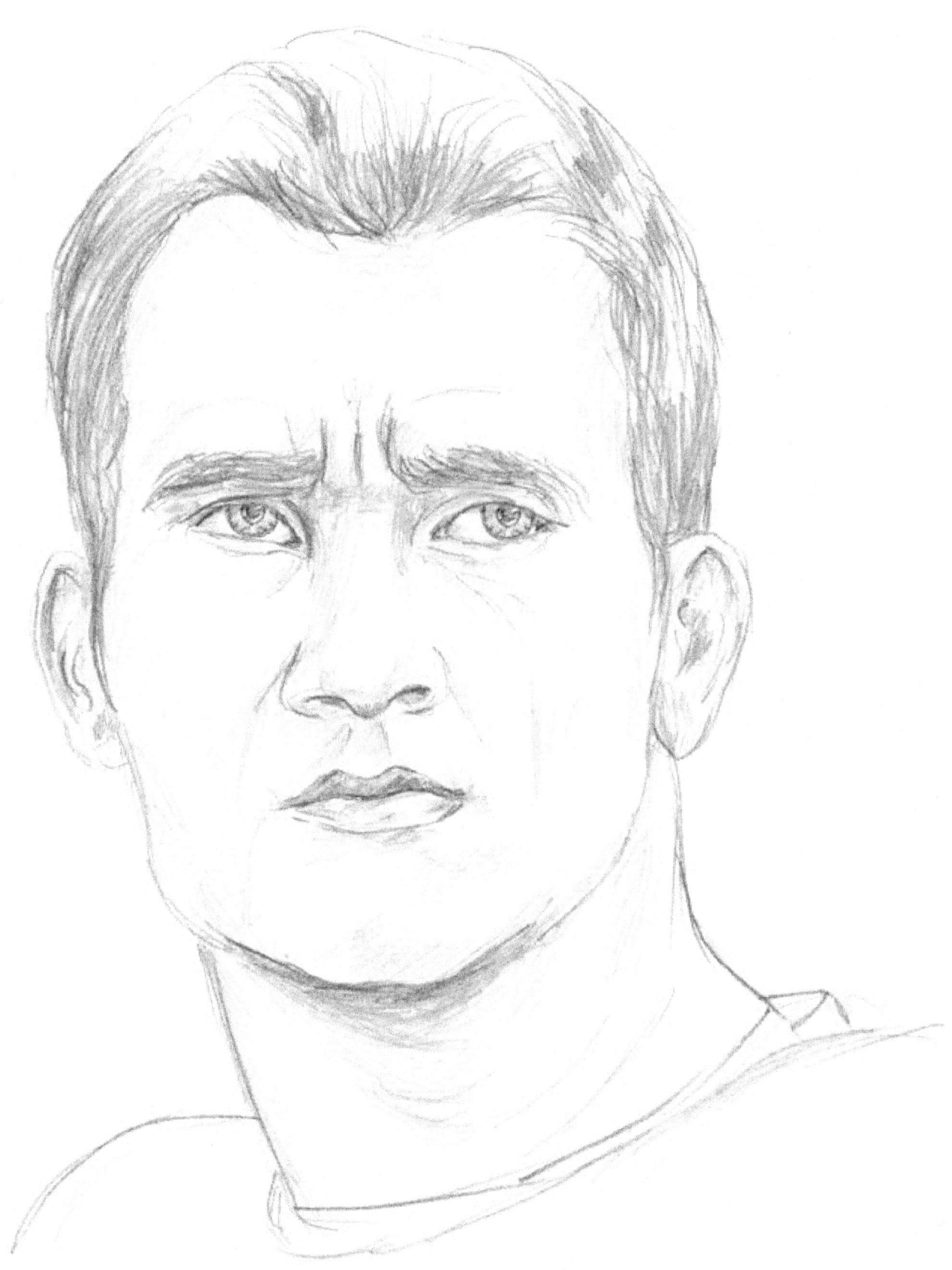

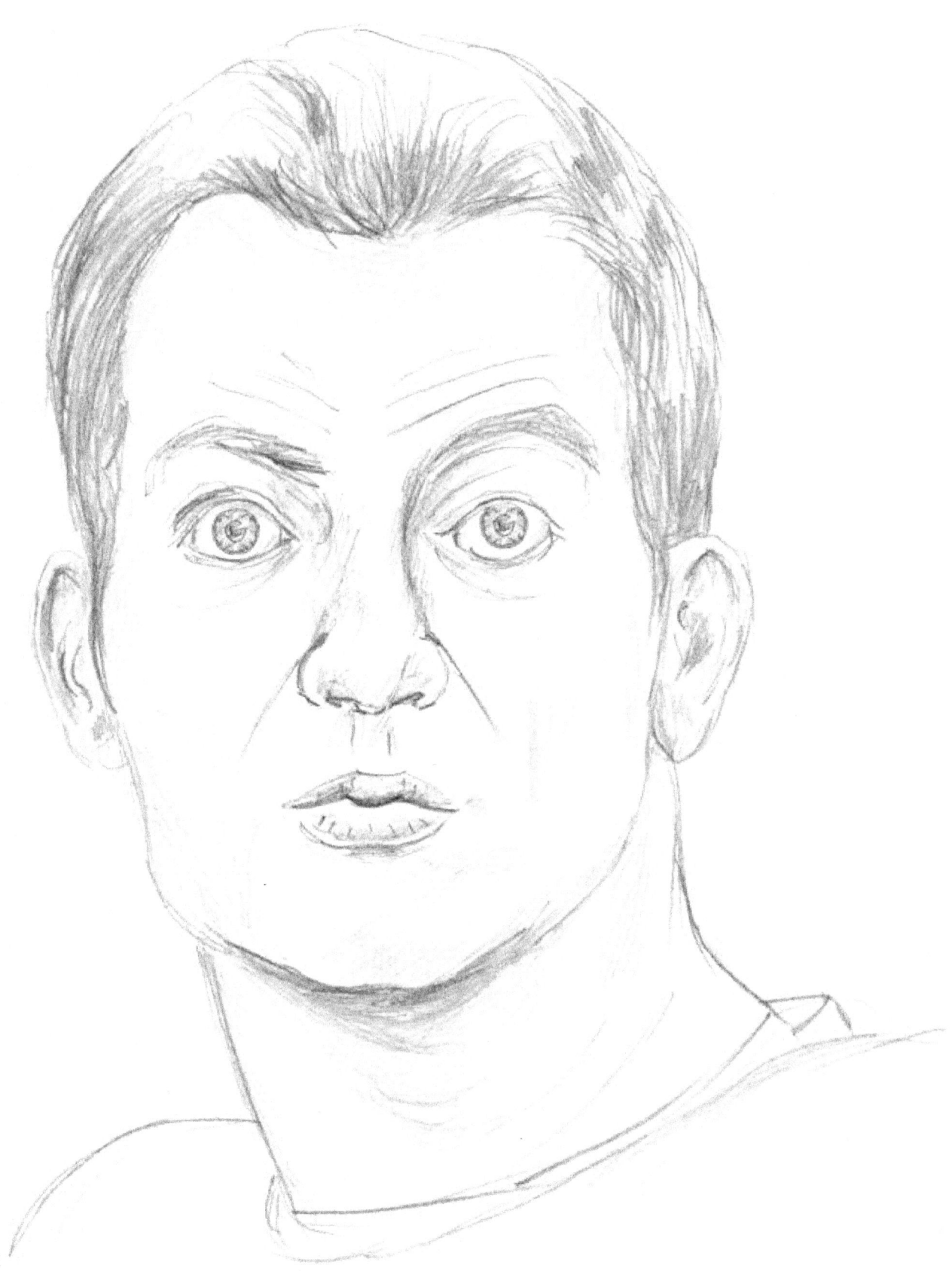

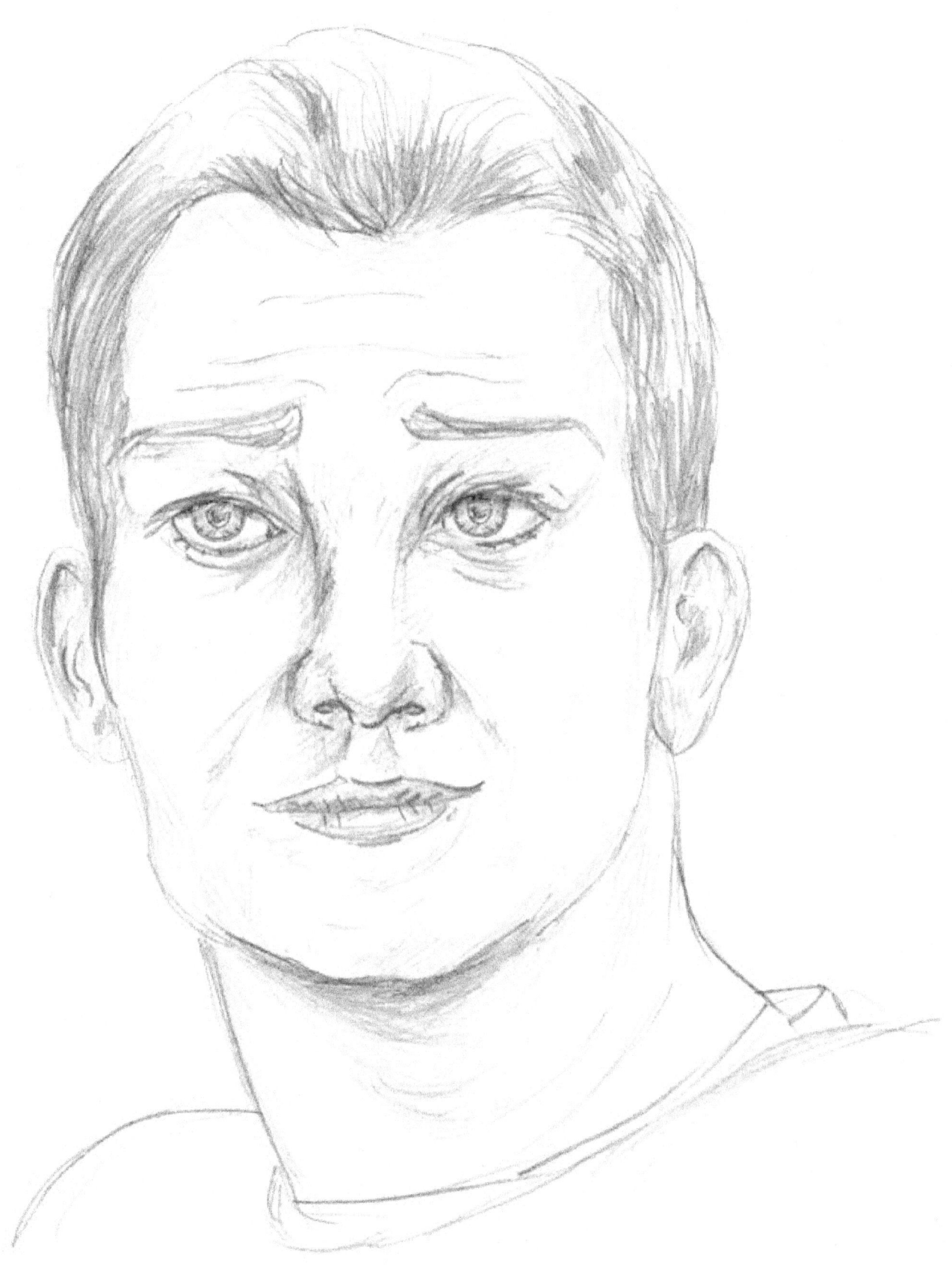

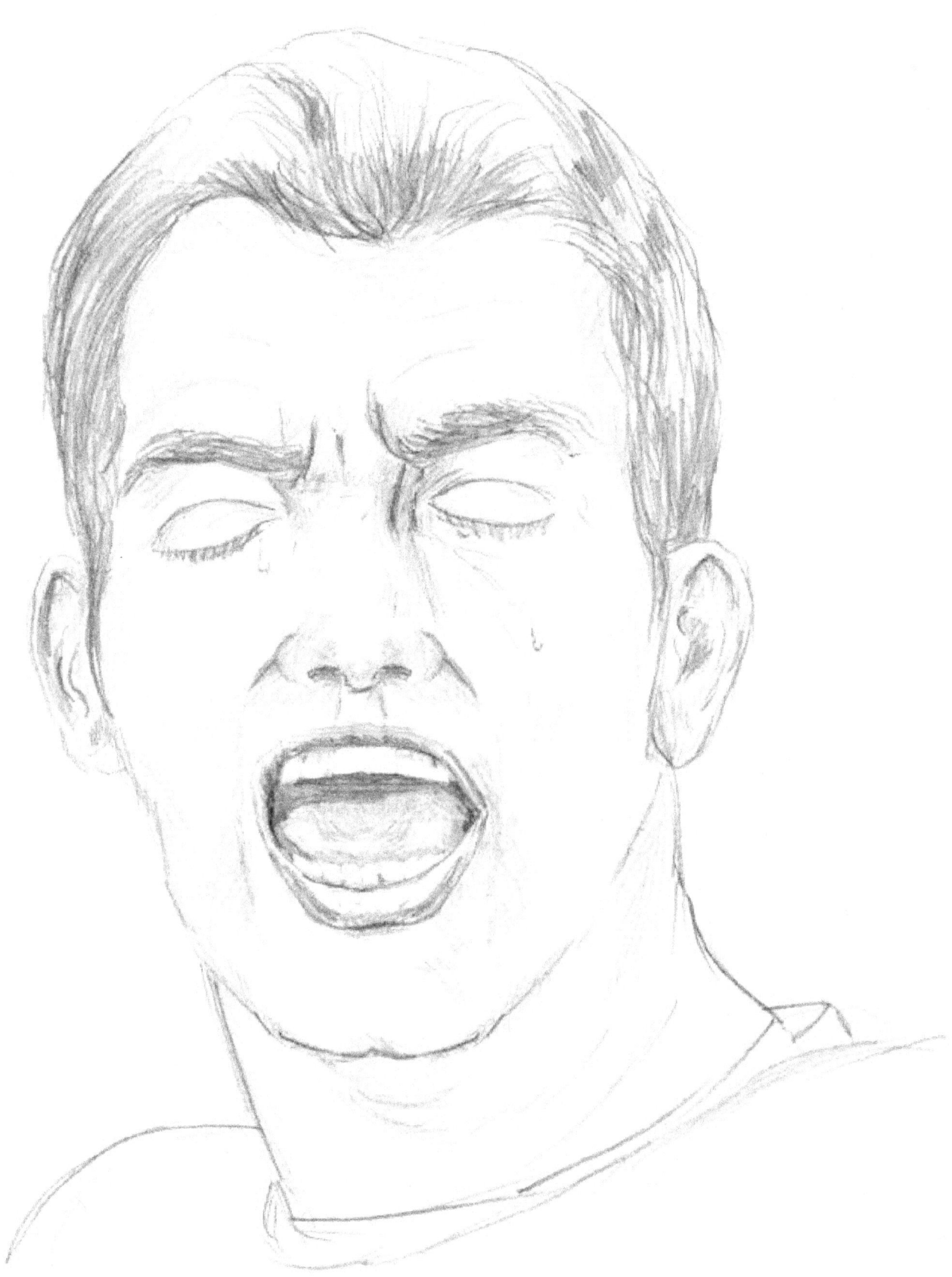

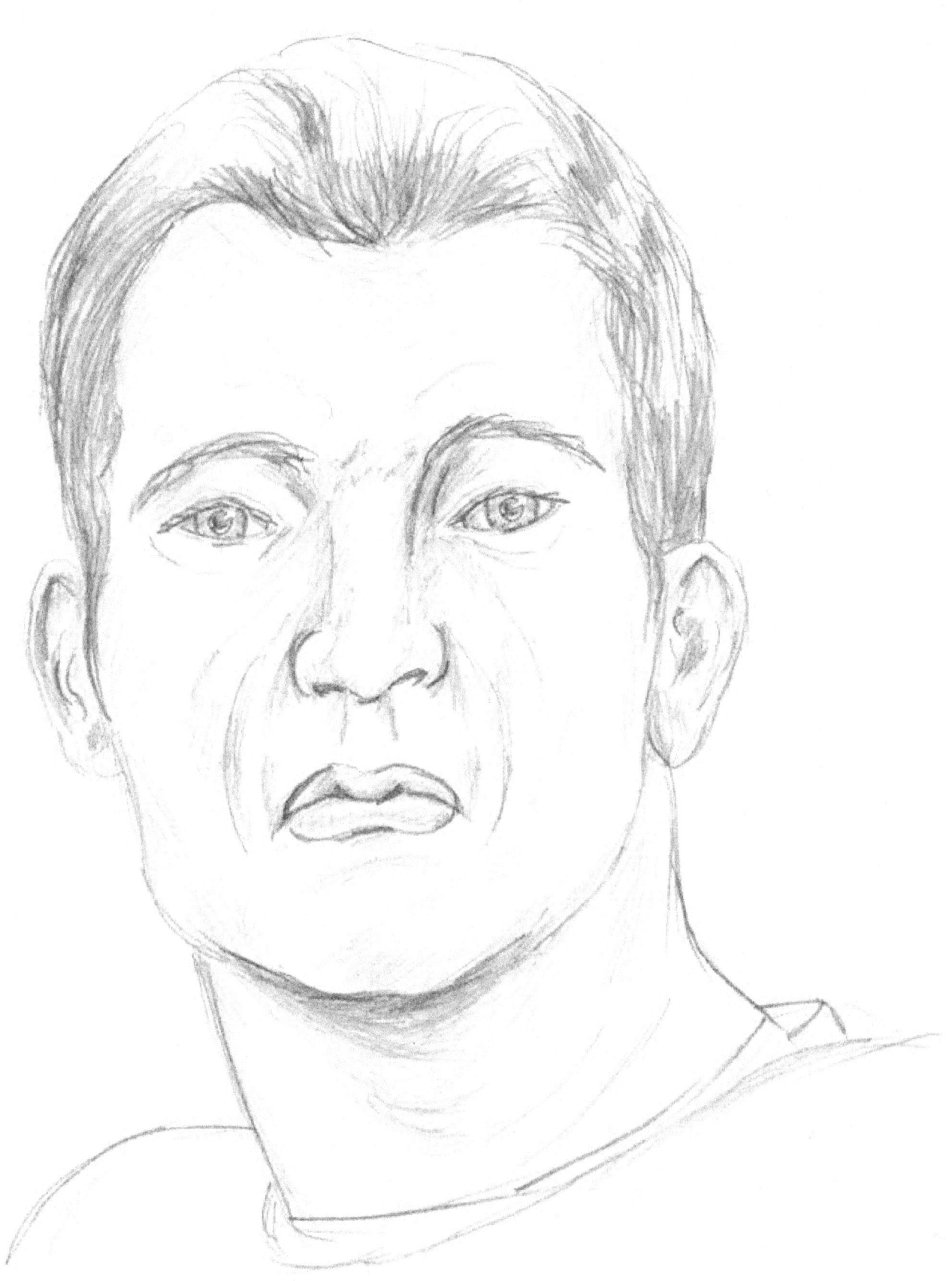

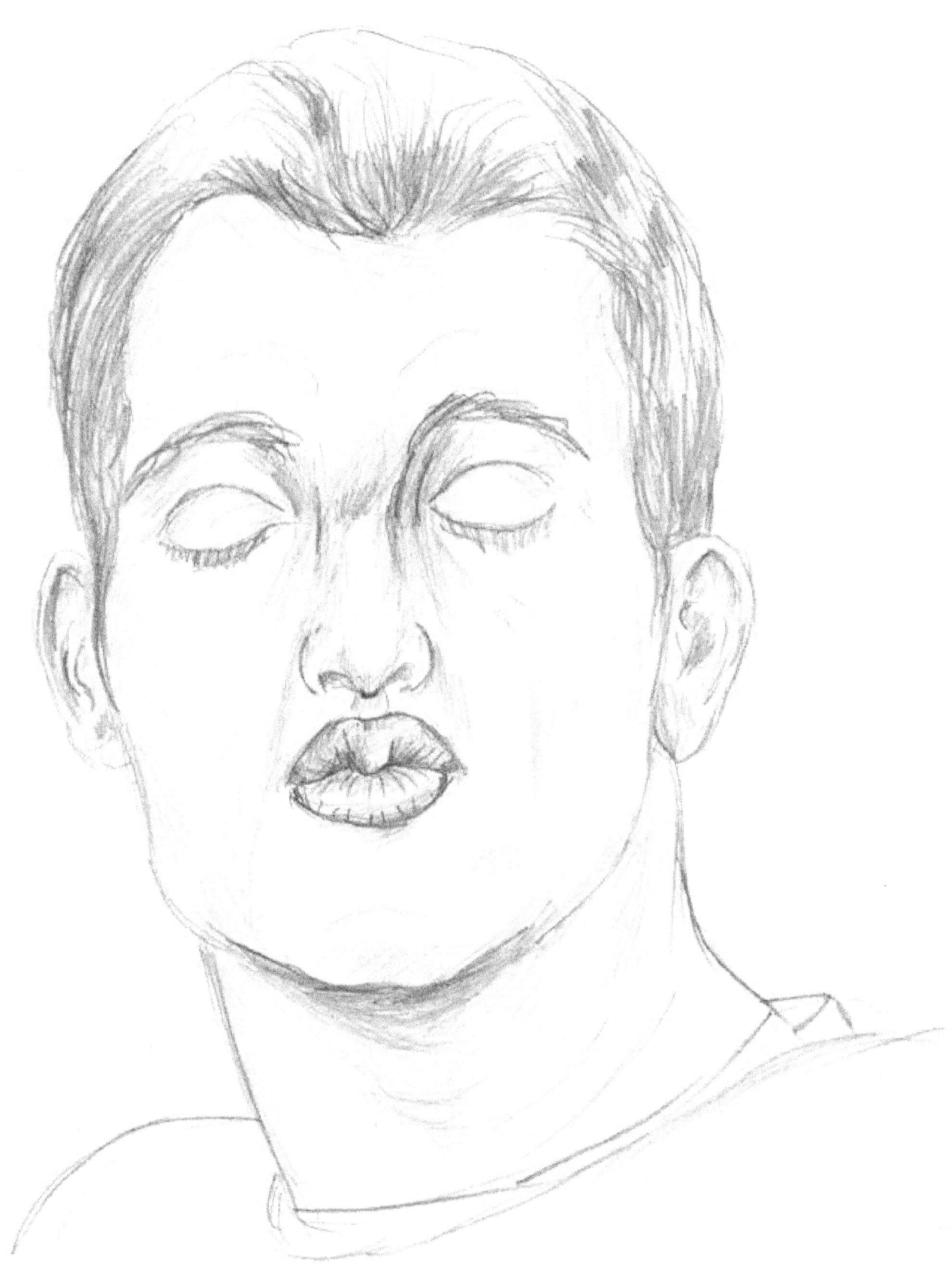

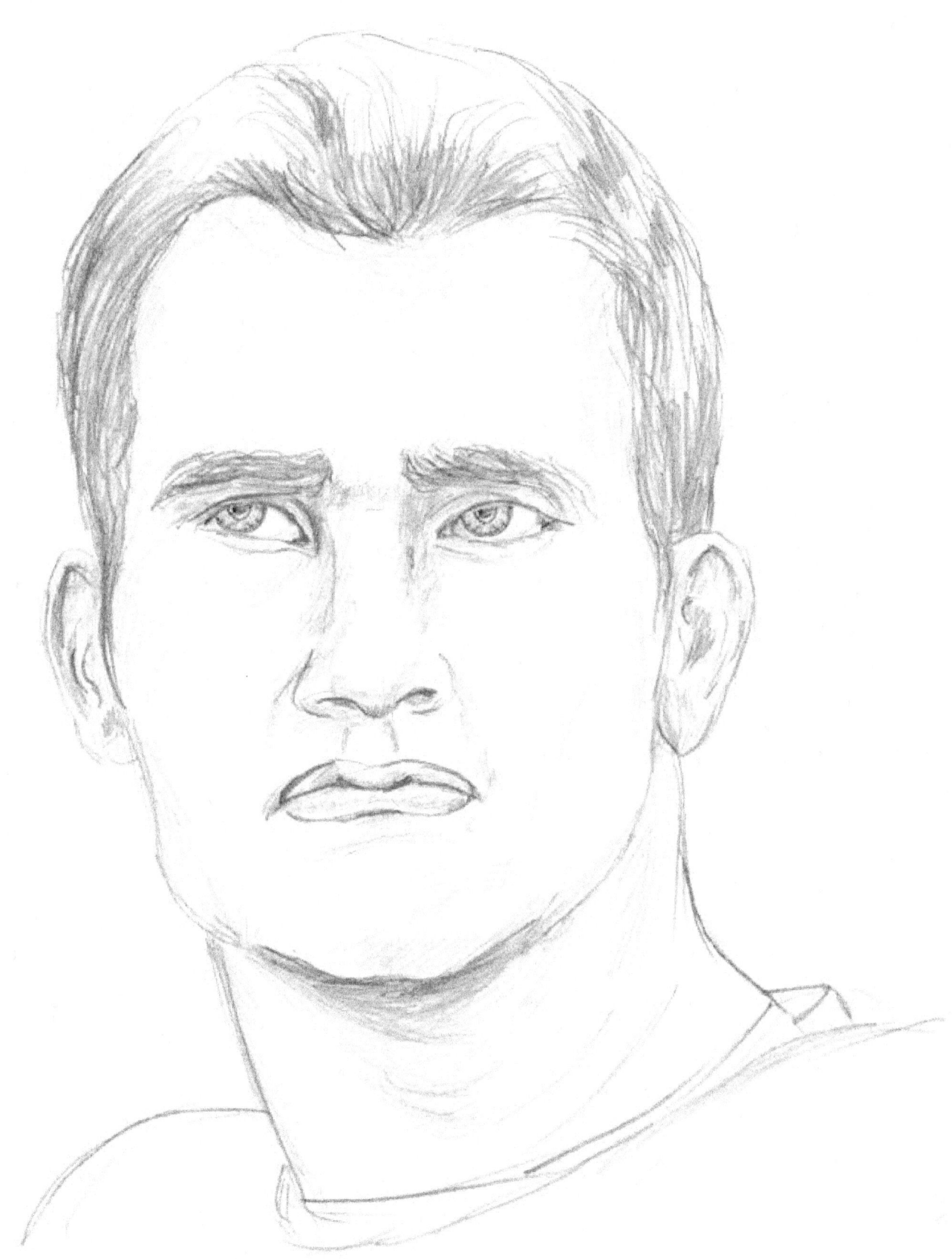

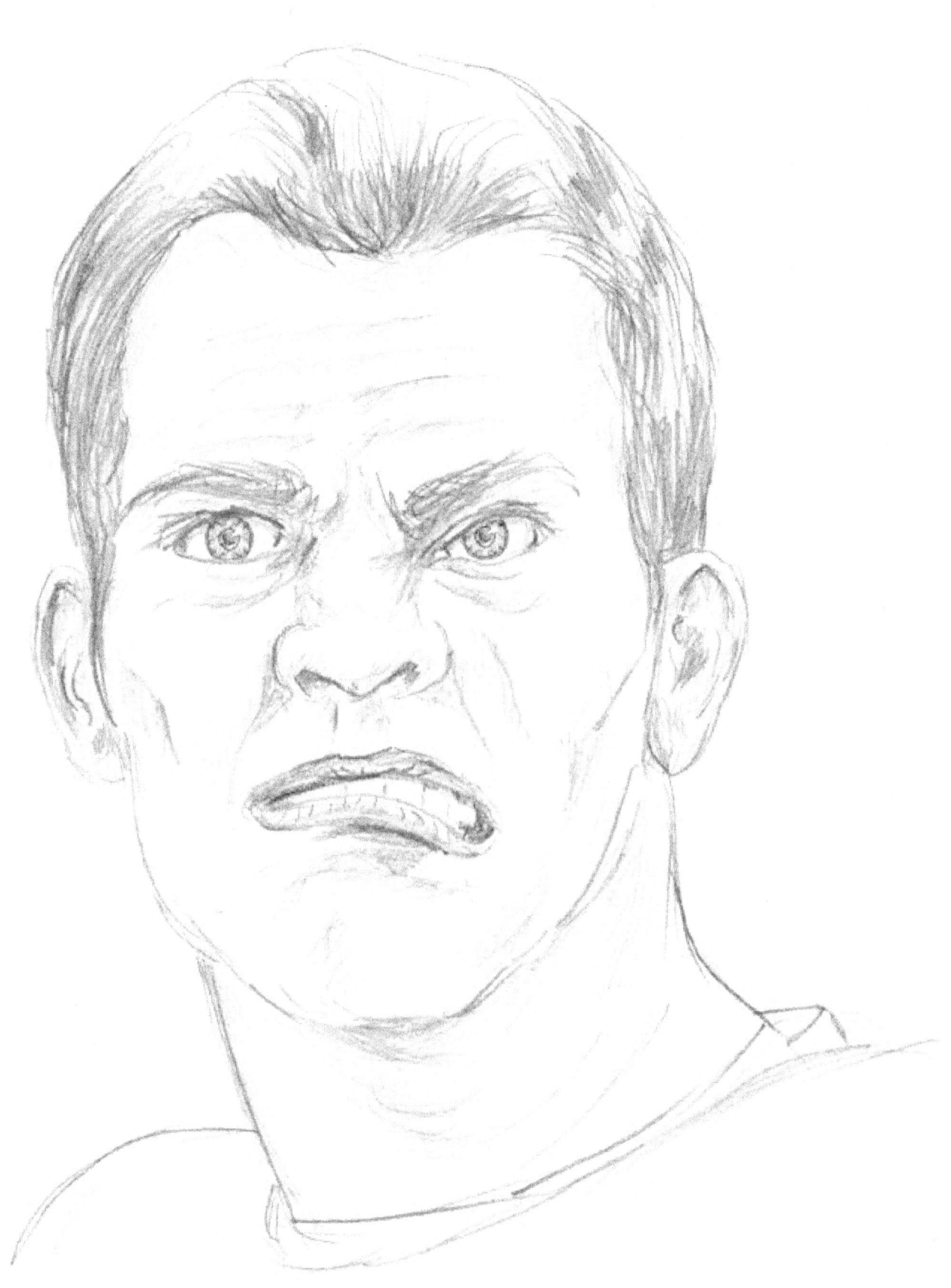

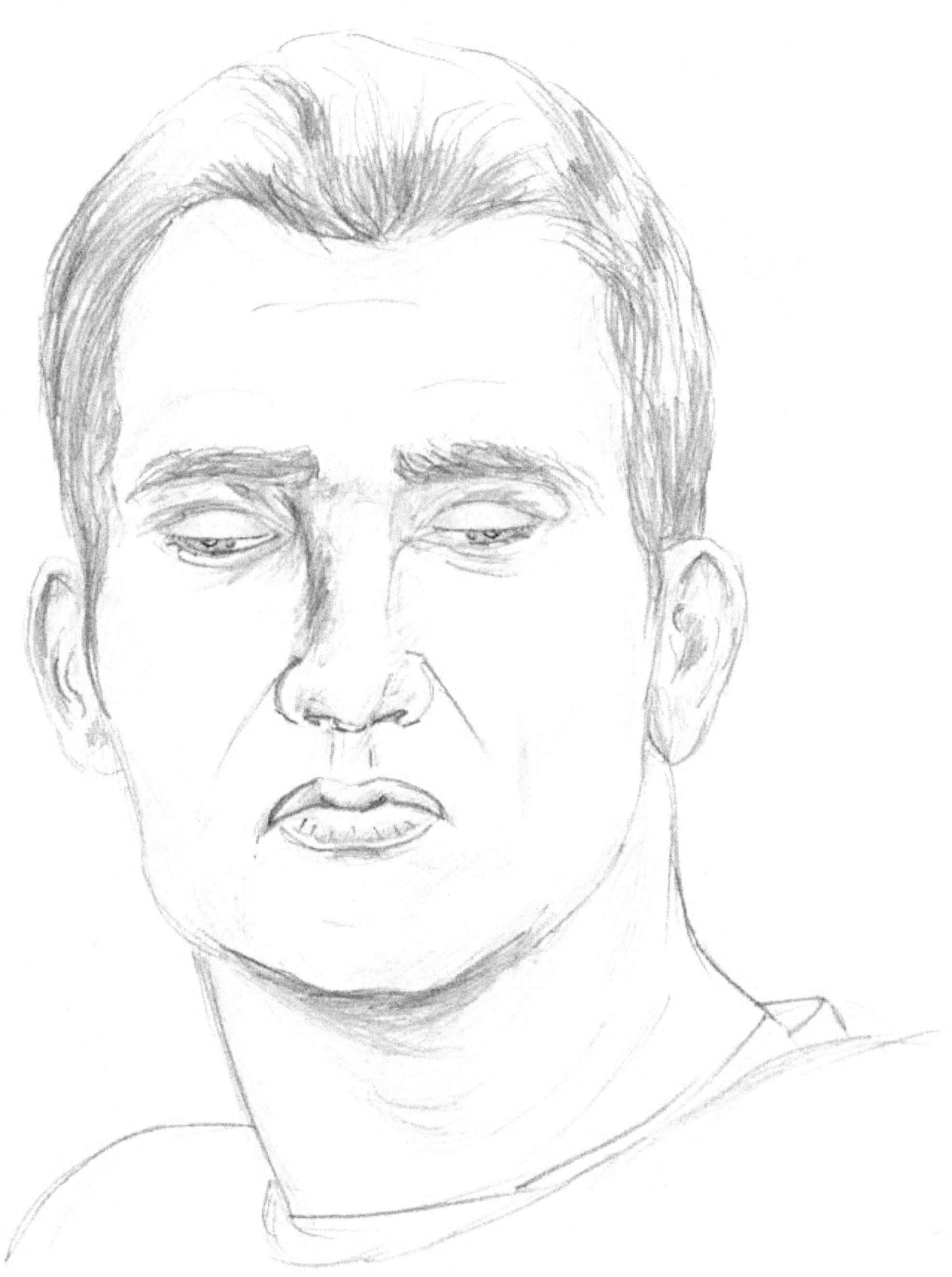

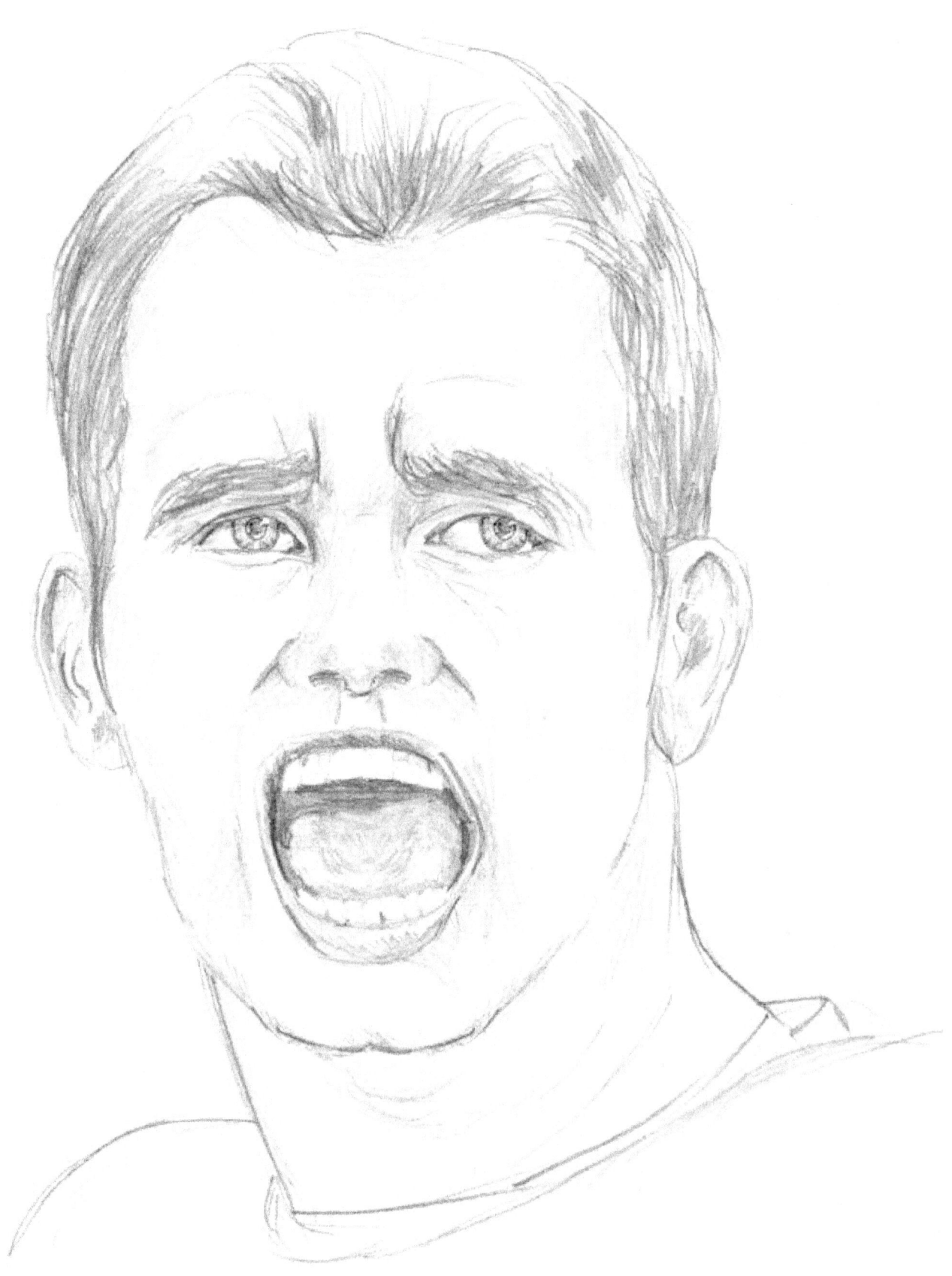

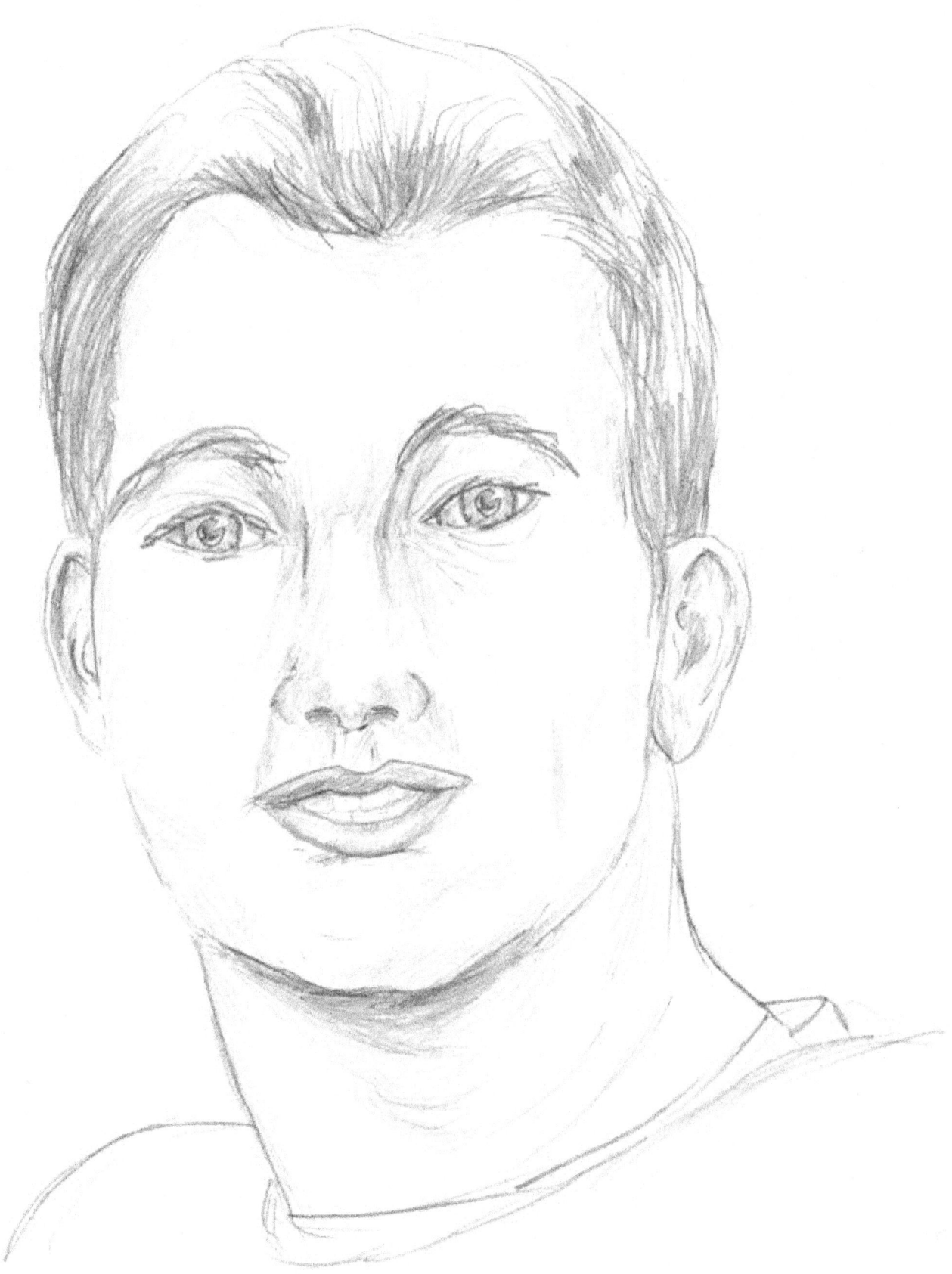

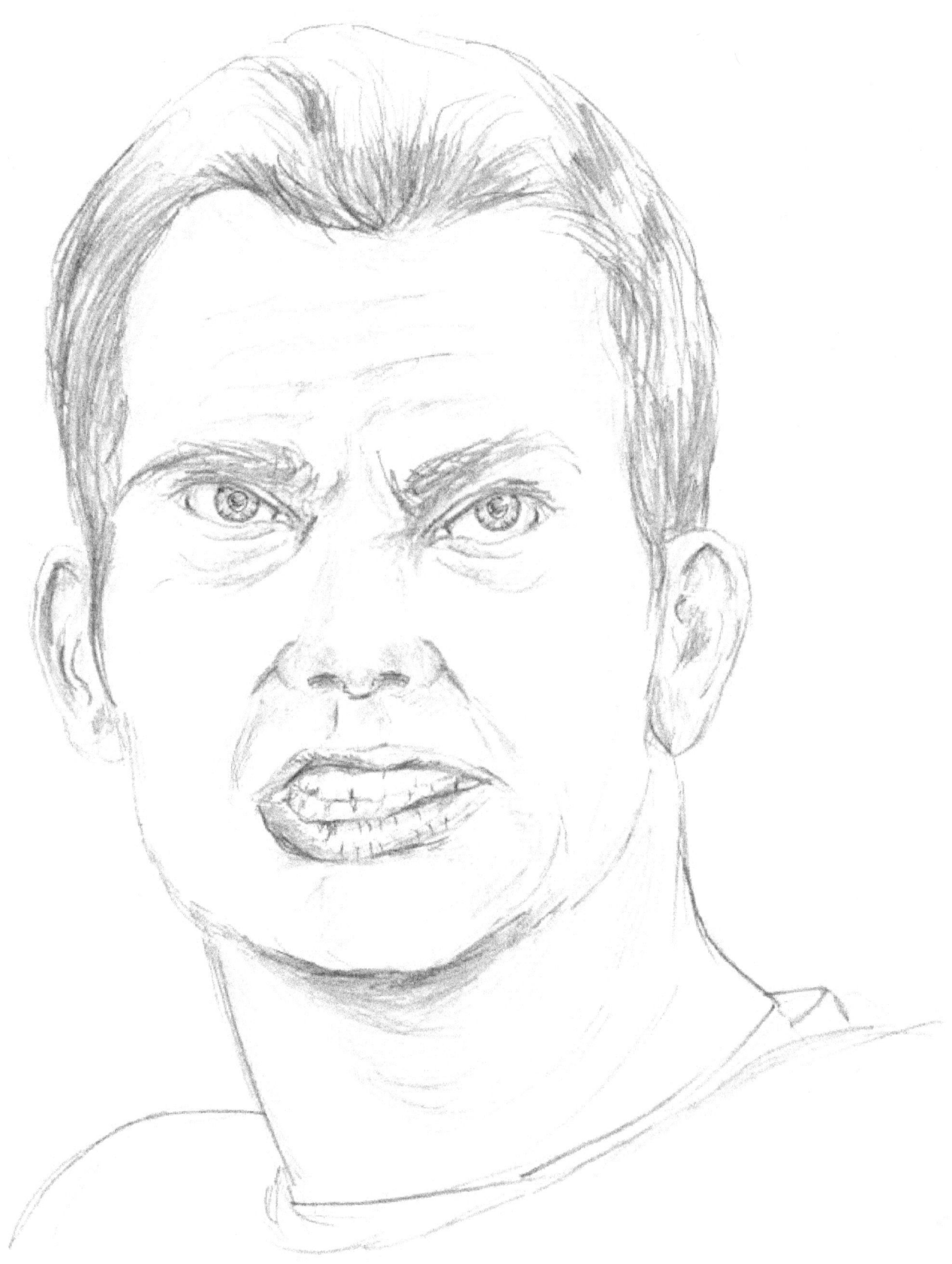

COMBINACION DE MUSCULOS

La combinación de todos estos músculos se combinan para producir distintas emociones y expresiones en nuestro rostro. A continuación te muestro mis dibujos de algunas de las más comunes.

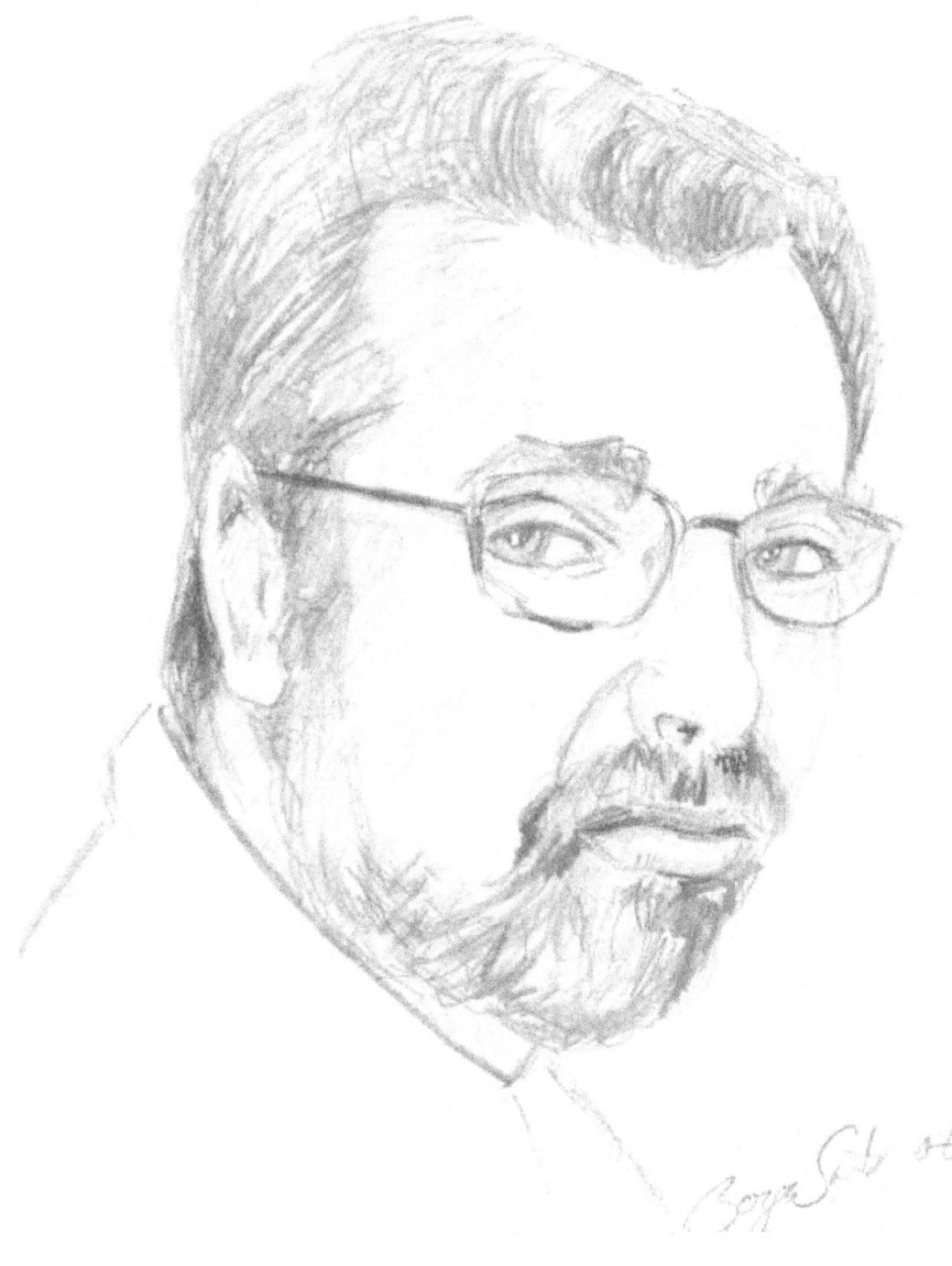

Dibuja un círculo para el cráneo y traza un eje vertical hacia donde mira el rostro. Completa con líneas curvas la forma ovalada hasta la mandibular por donde pasa el eje vertical. Traza las líneas correspondientes a los ojos, la nariz y la boca. Usa un lápiz HB, haz poca presión.

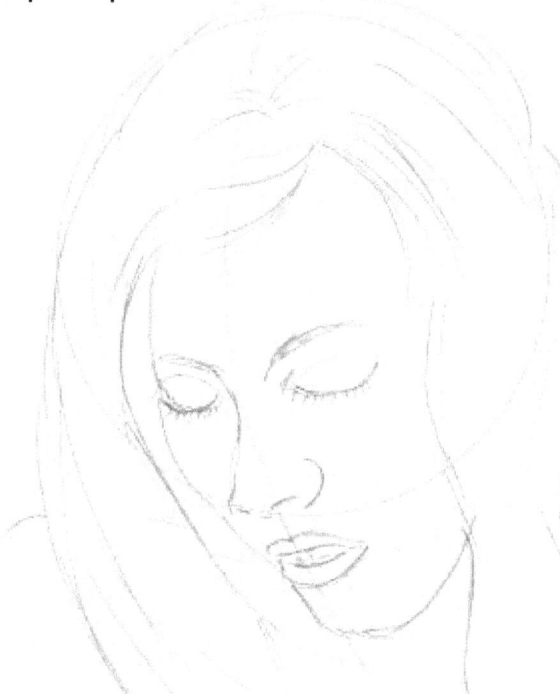

Dibuja el contorno característico de la expresión de los ojos, de la boca y la nariz.

Comienza a trabajar algunas líneas de expresión del rostro y la forma general de la cabeza. Añade las líneas básicas del cabello.

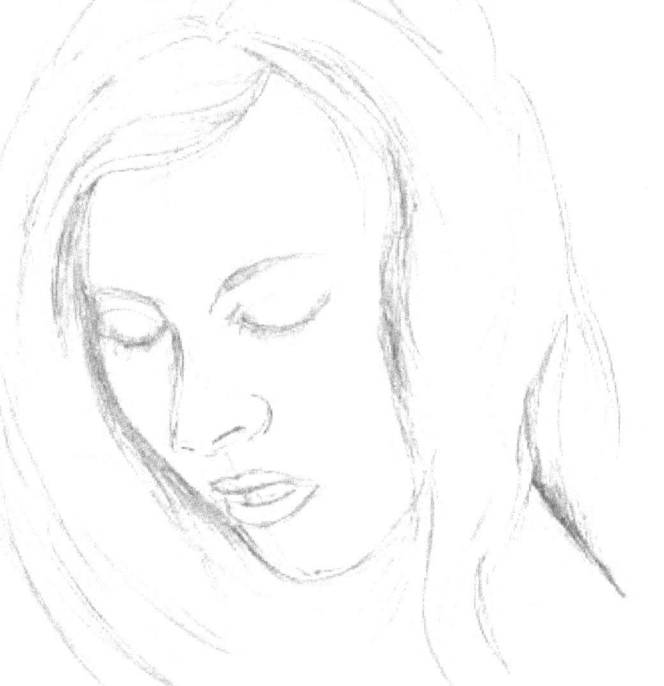

Usando el lápiz HB y el 2B comienza a definir detalles de la expresión característica de los ojos, de la nariz y de la boca. Fíjate que las líneas de las partes del rostro arquean como hamaca y producen una mirada baja y un decaimiento general de las facciones. Los ojos casi cerrados y la boca entreabierta como luciendo agotamiento.

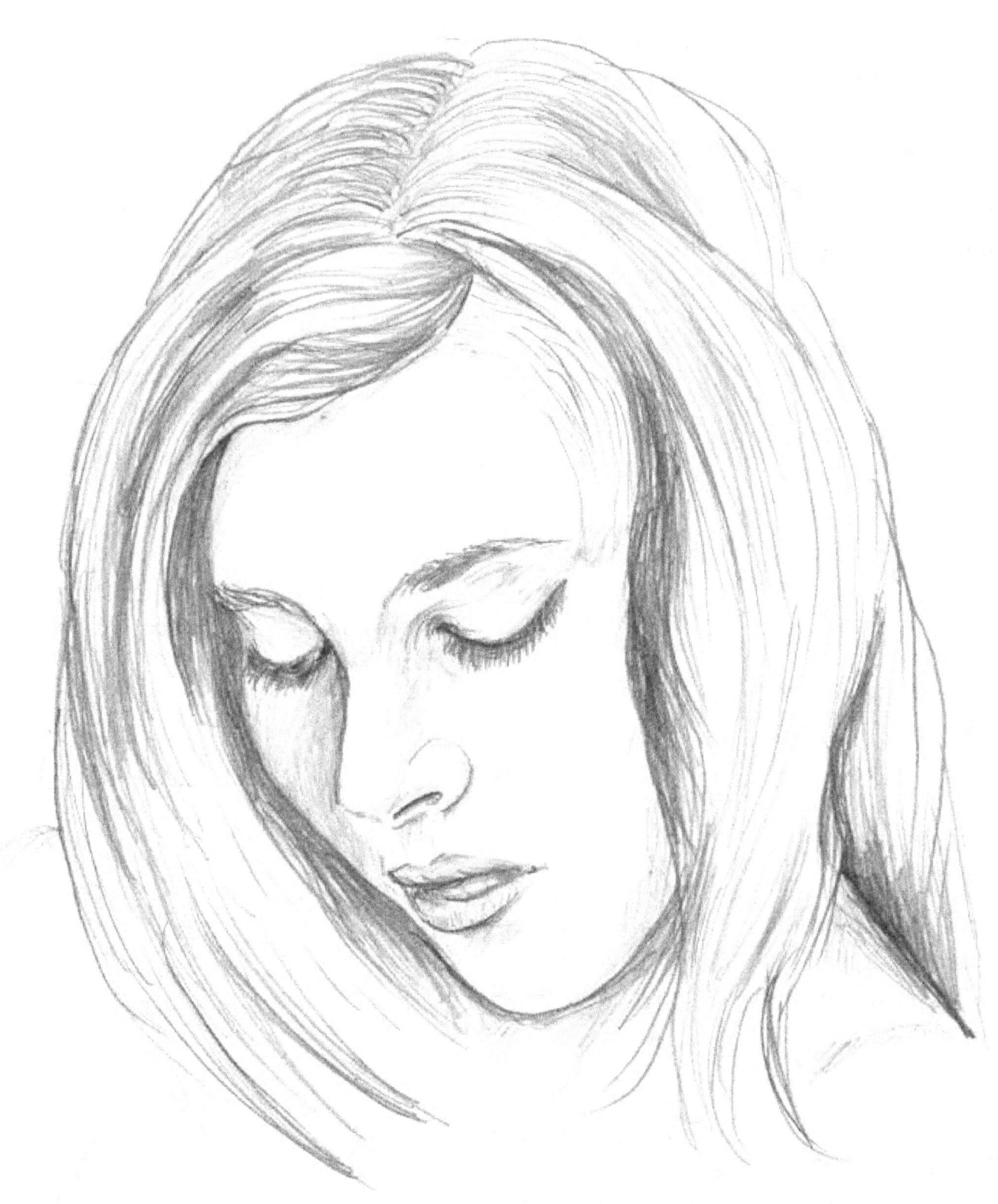

Compasión, ternura o lamentos: Combinación de los músculos (3) superciliar y (4) risorio.

Dibuja un círculo para el cráneo y traza un eje vertical hacia donde mira el rostro. Completa con líneas curvas la forma ovalada hasta la mandibular por donde pasa el eje vertical. Traza las líneas correspondientes a los ojos, la nariz y la boca. Usa un lápiz HB, haz poca presión.

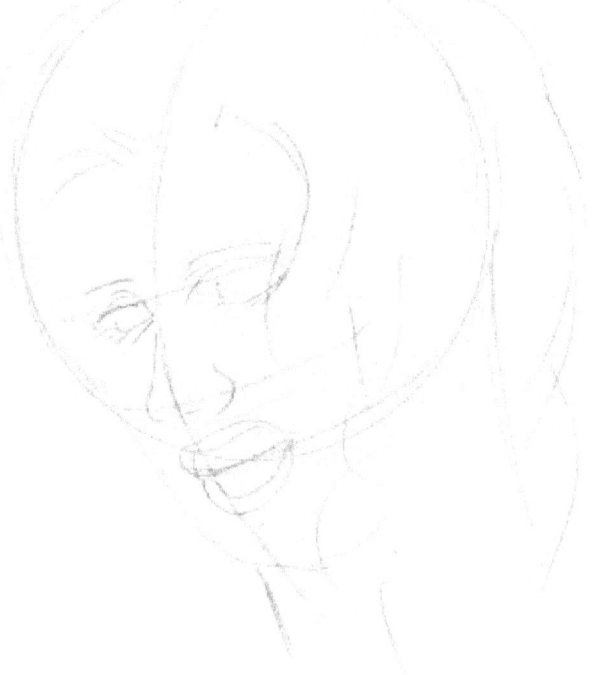

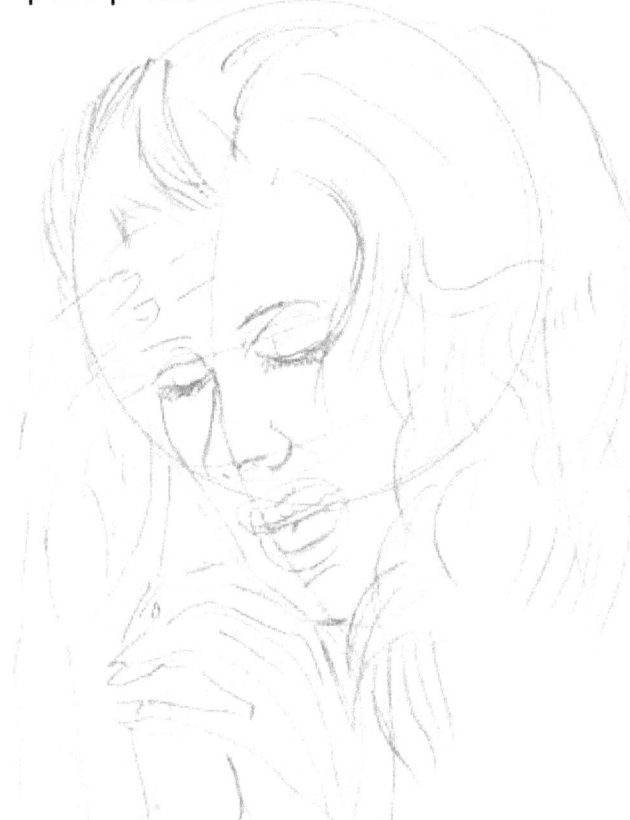

Dibuja el contorno característico de la expresión de los ojos, de la boca y la nariz.

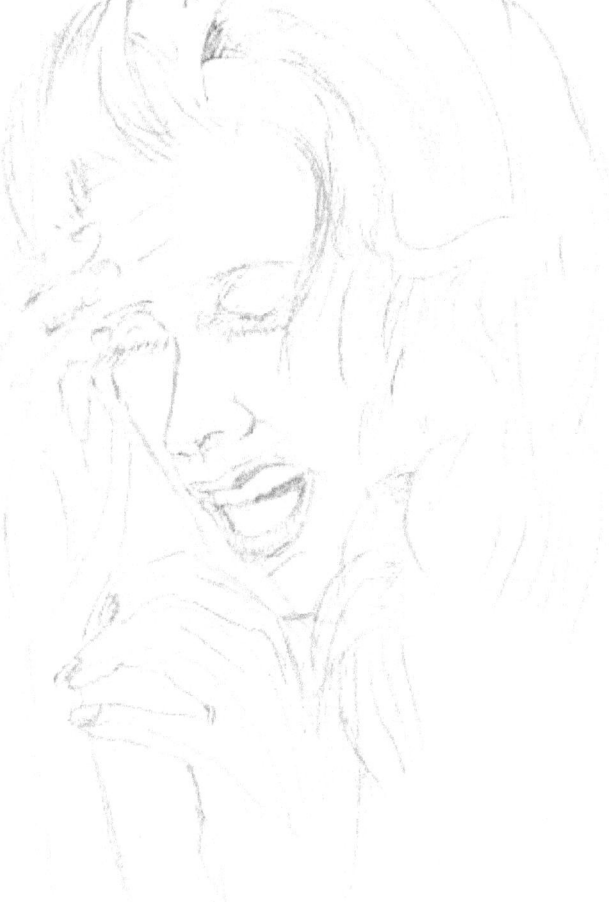

Comienza a trabajar algunas líneas de expresión del rostro y la forma general de la cabeza. Añade las líneas básicas del cabello.

Usando el lápiz HB y el 2B comienza a definir detalles de la expresión característica de los ojos, de la nariz y de la boca. Observa como los ojos prácticamente cerrados y la boca abierta completa la expresión de dolor o llanto. La expresión se acentúa con la ayuda de la posición de las manos en el rostro.

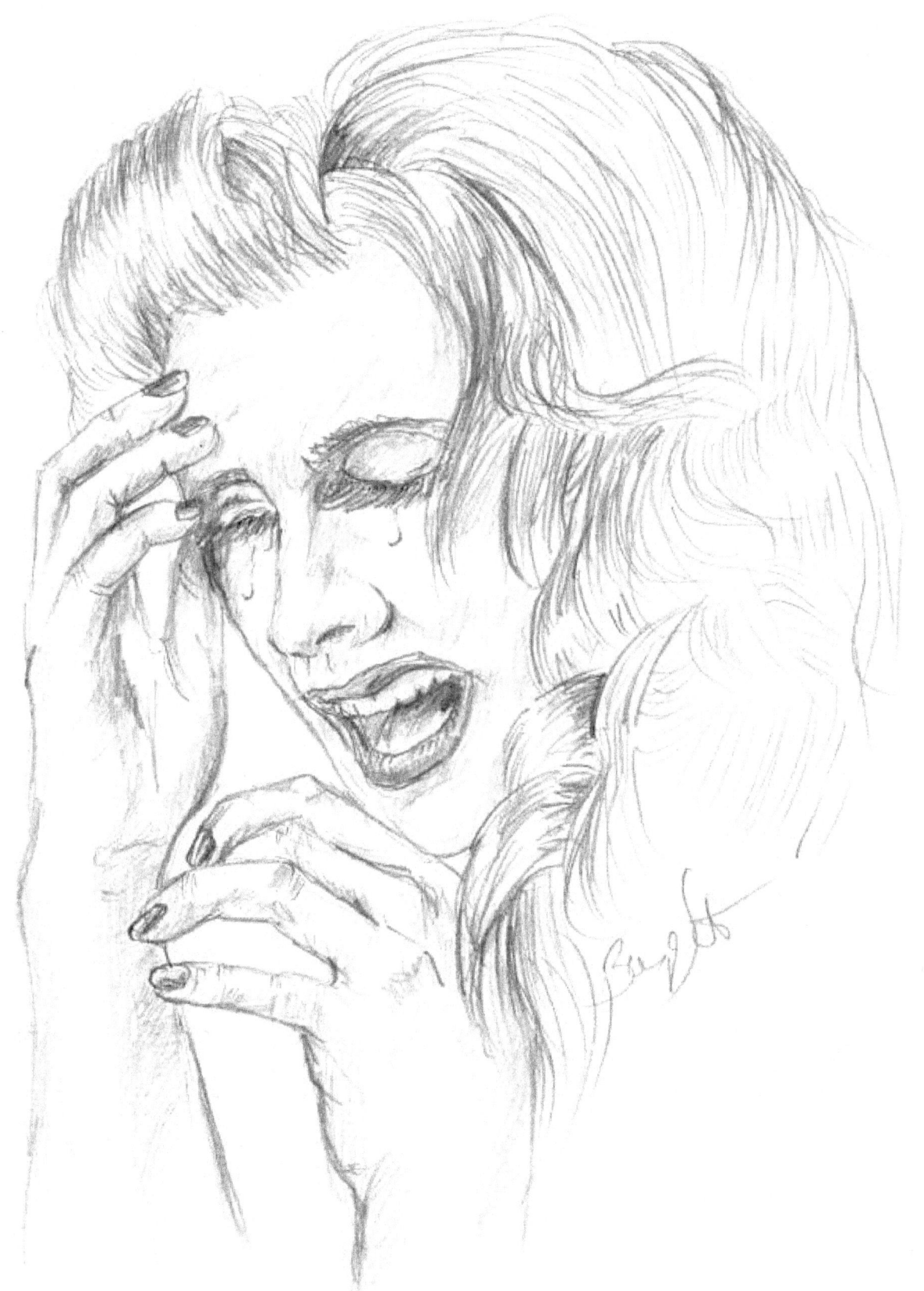

Dolor intenso o llanto: Combinación del músculo (3) superciliar con los músculos del cuello.

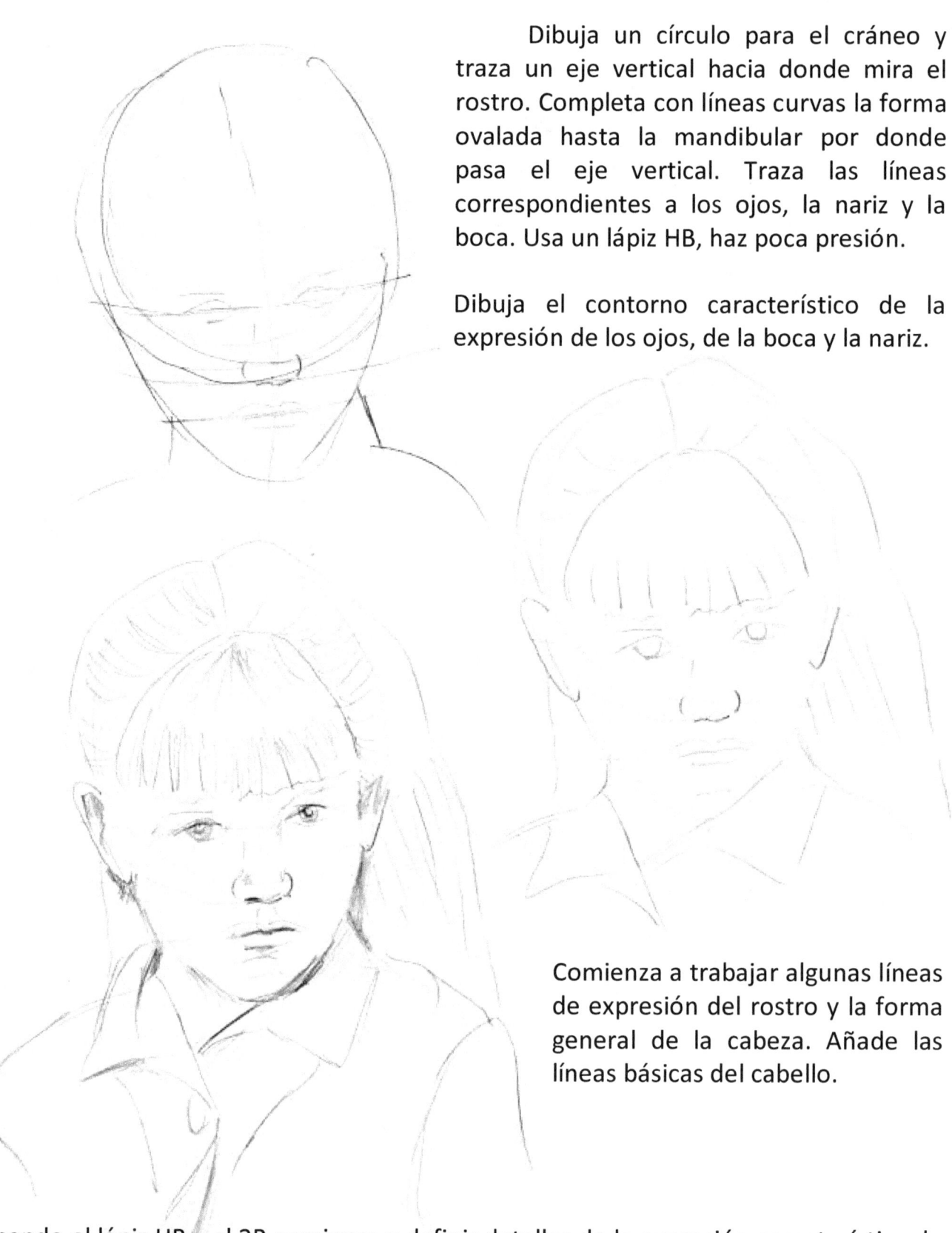

Dibuja un círculo para el cráneo y traza un eje vertical hacia donde mira el rostro. Completa con líneas curvas la forma ovalada hasta la mandibular por donde pasa el eje vertical. Traza las líneas correspondientes a los ojos, la nariz y la boca. Usa un lápiz HB, haz poca presión.

Dibuja el contorno característico de la expresión de los ojos, de la boca y la nariz.

Comienza a trabajar algunas líneas de expresión del rostro y la forma general de la cabeza. Añade las líneas básicas del cabello.

Usando el lápiz HB y el 2B comienza a definir detalles de la expresión característica de los ojos, de la nariz y de la boca. Observa el encogimiento de los ojos y el fruncimiento de la boca levantando el labio superior mientras deja el inferior en la posición original completando la acción de una mirada caída.

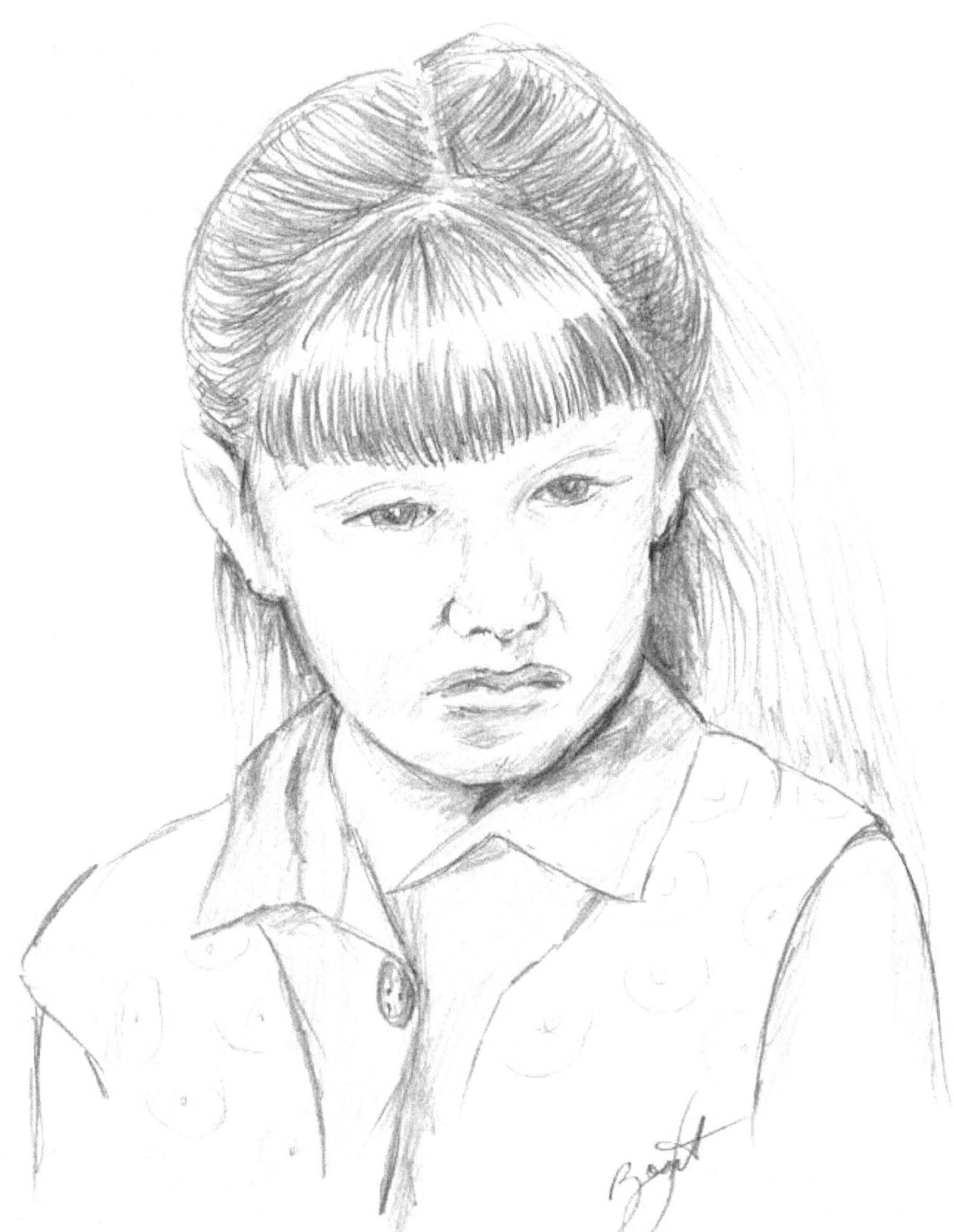

Recuerdos, tristeza o angustia: Combinación de los músculos (2) orbicular de los parpados, (3) superciliar, (5) cigomático menor y (6) cigomático mayor.

Dibuja un círculo para el cráneo y traza un eje vertical hacia donde mira el rostro. Completa con líneas curvas la forma ovalada hasta la mandibular por donde pasa el eje vertical. Traza las líneas correspondientes a los ojos, la nariz y la boca. Usa un lápiz HB, haz poca presión.

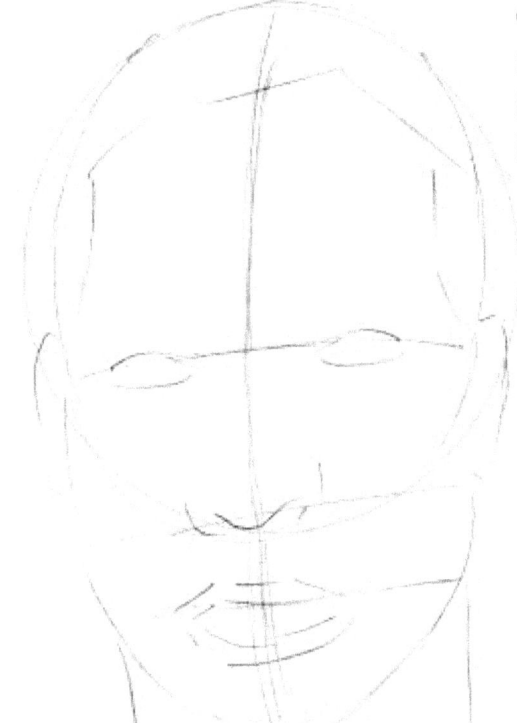

Dibuja el contorno característico de la expresión de los ojos, de la boca y la nariz.

Comienza a trabajar algunas líneas de expresión del rostro y la forma general de la cabeza. Añade las líneas básicas del cabello.

Usando el lápiz HB y el 2B comienza a definir detalles de la expresión característica de los ojos, de la nariz y de la boca.

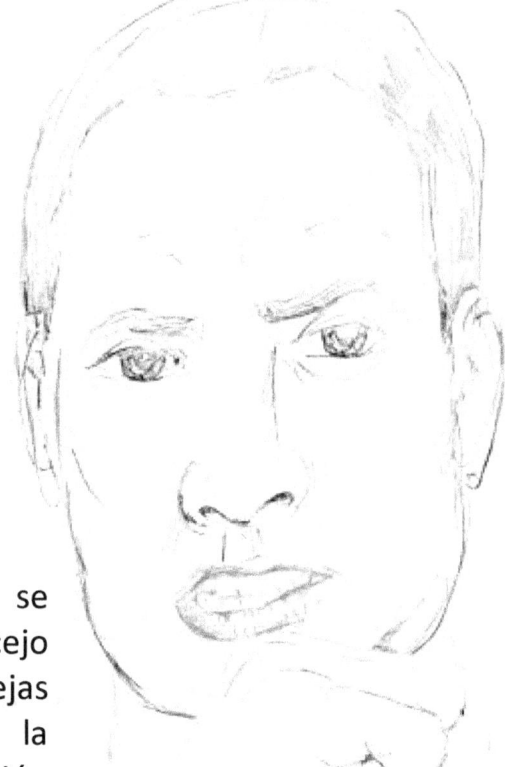

Observa como se fruncen el entrecejo y se arquean las cejas completando con la boca torcida la acción de la mirada.

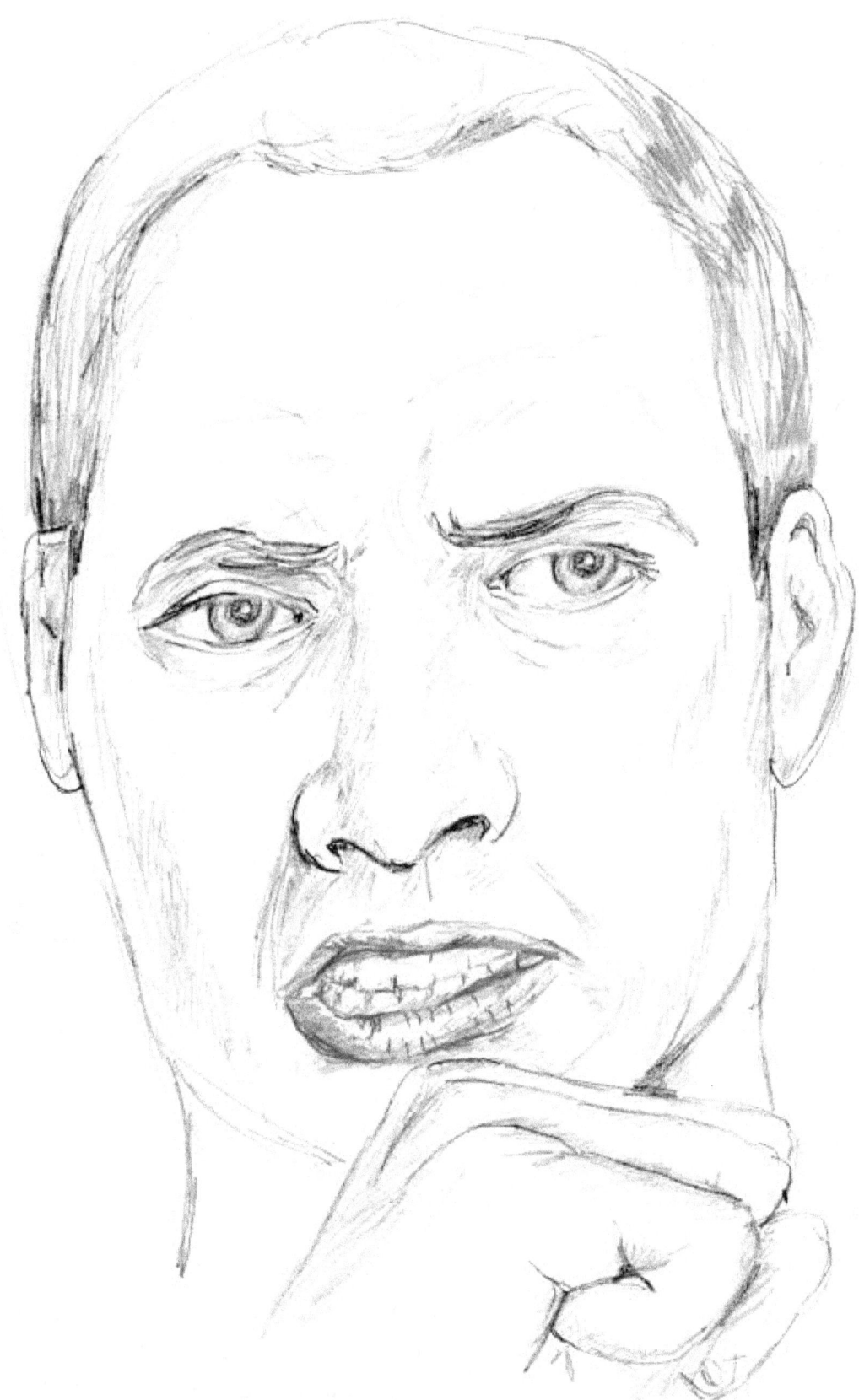

Ira, coraje o rabia: Combinación de los músculos (1) frontal, (2) orbicular de los parpados, (3) superciliar, (8) orbicular de los labios, (9) cuadrado del mentón, y (10) triangular de los labios.

Dibuja un círculo para el cráneo y traza un eje vertical hacia donde mira el rostro. Completa con líneas curvas la forma ovalada hasta la mandibular por donde pasa el eje vertical. Traza las líneas correspondientes a los ojos, la nariz y la boca. Usa un lápiz HB, haz poca presión.

Dibuja el contorno característico de la expresión de los ojos, de la boca y la nariz. Comienza a trabajar algunas líneas de expresión del rostro y la forma general de la cabeza. Añade las líneas básicas del cabello.

Usando el lápiz HB y el 2B comienza a definir detalles de la expresión característica de los ojos, de la nariz y de la boca. Observa como el músculo orbicular se abre y arquea las cejas y se abren los parpados completando la acción de asombro en la mirada.

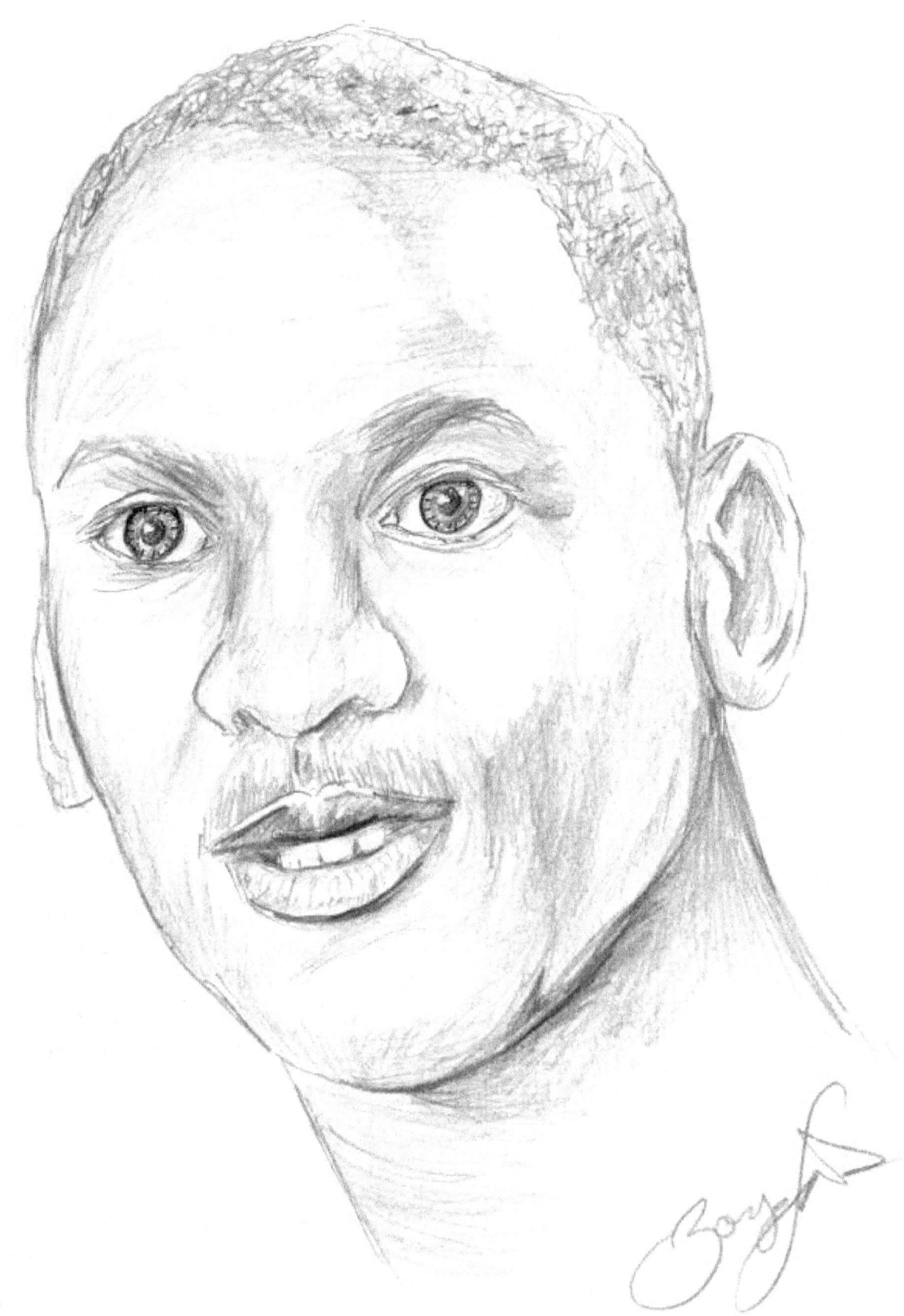

Asombro o intriga: Combinación de los músculos (1) frontal (7) elevador común y (10) triangular de los labios con los músculos del cuello.

Dibuja un círculo para el cráneo y traza un eje vertical hacia donde mira el rostro. Completa con líneas curvas la forma ovalada hasta la mandibular por donde pasa el eje vertical. Traza las líneas correspondientes a los ojos, la nariz y la boca. Usa un lápiz HB, haz poca presión.

Dibuja el contorno característico de la expresión de los ojos, de la boca y la nariz. Comienza a trabajar algunas líneas de expresión del rostro y la forma general de la cabeza. Añade las líneas básicas del cabello.

Usando el lápiz HB y el 2B comienza a definir detalles de la expresión característica de los ojos, de la nariz y de la boca. Observa como se arquean las cejas completando la acción en la mirada. Los labios lucen mordidos o entre abiertos.

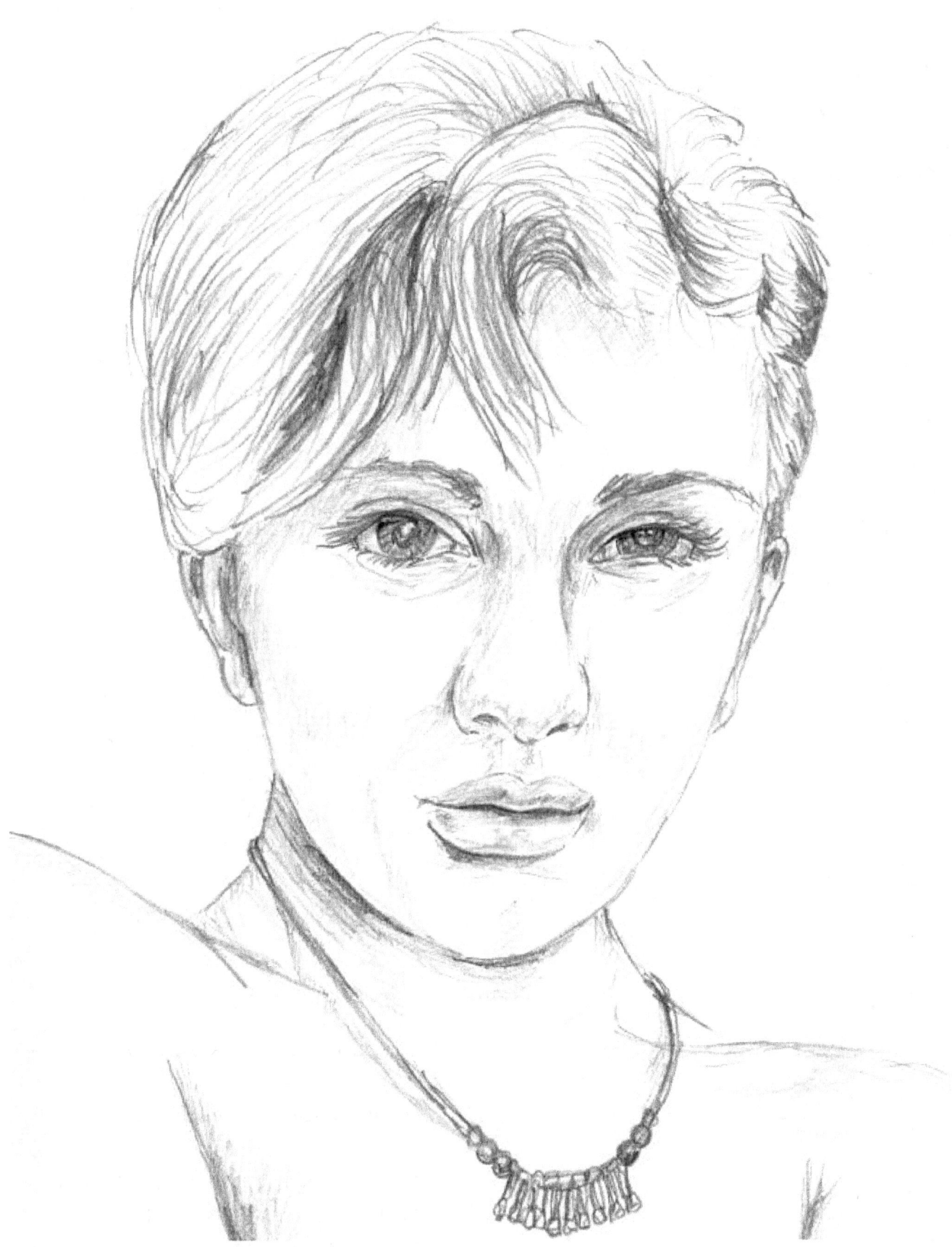

Malicia o picardía: Combinación de los músculos (2) orbicular de los parpados con el (4) risorio.

Dibuja un círculo para el cráneo y traza un eje vertical hacia donde mira el rostro. Completa con líneas curvas la forma ovalada hasta la mandibular por donde pasa el eje vertical. Traza las líneas correspondientes a los ojos, la nariz y la boca. Usa un lápiz HB, haz poca presión.

Dibuja el contorno característico de la expresión de los ojos, de la boca y la nariz.

Comienza a trabajar algunas líneas de expresión del rostro y la forma general de la cabeza. Añade las líneas básicas del cabello.

Usando el lápiz HB y el 2B comienza a definir detalles de la expresión característica de los ojos, de la nariz y de la boca. Observa como se arquean las cejas completando la acción en la mirada. Esta expresión activa cuando el músculo risorio se contrae originando la sonrisa.

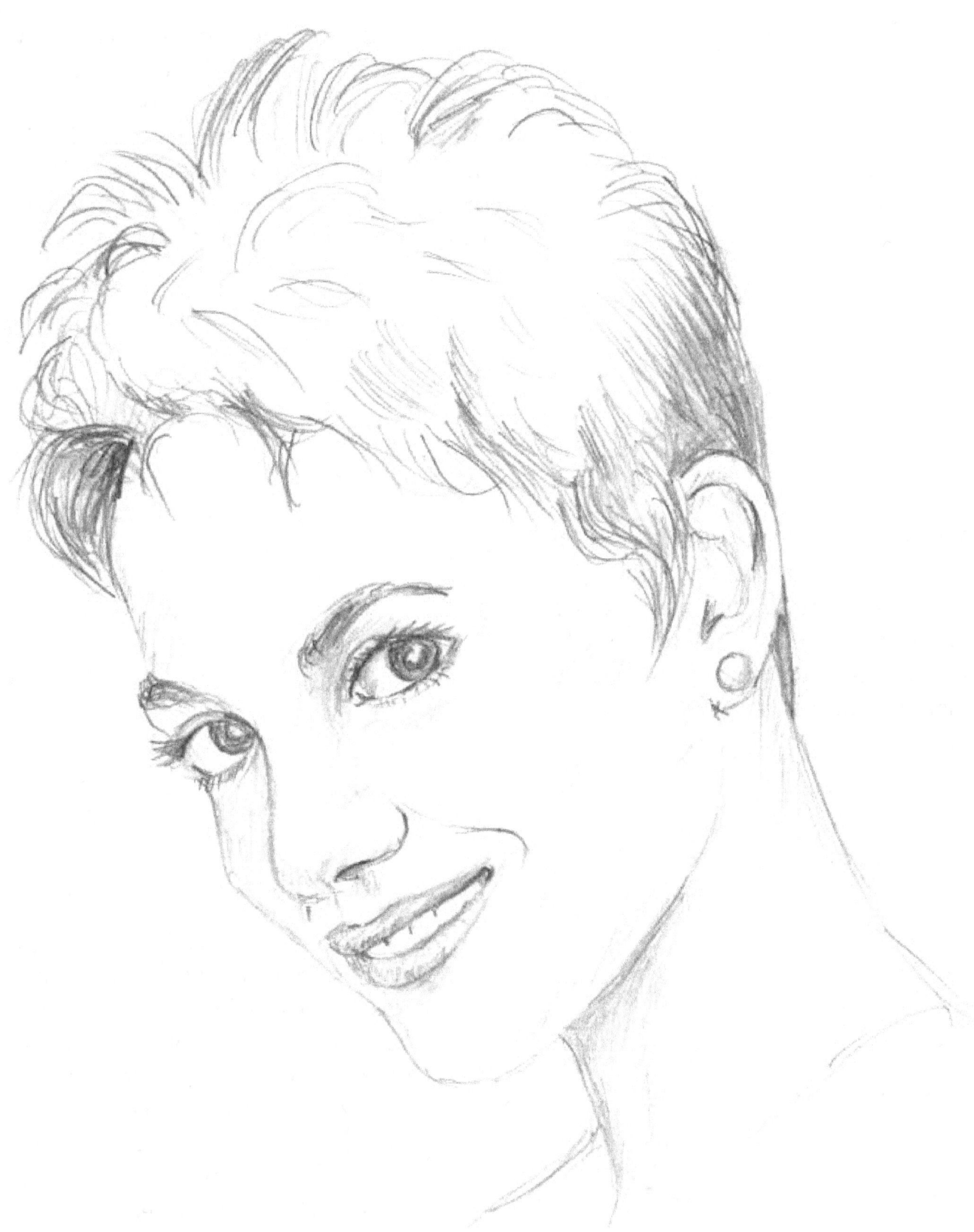

Sonrisa, carcajadas: Combinación de los músculos (1) frontal, (4) risorio, (5) cigomático menor y (6) cigomático mayor.

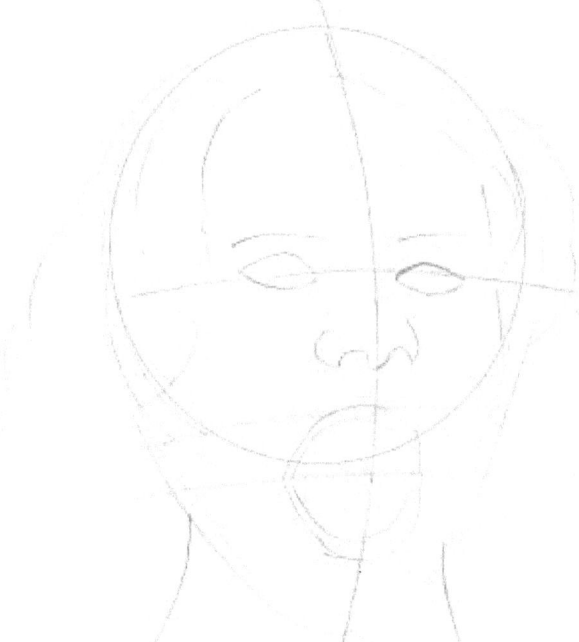

Dibuja un círculo para el cráneo y traza un eje vertical hacia donde mira el rostro. Completa con líneas curvas la forma ovalada hasta la mandibular por donde pasa el eje vertical. Traza las líneas correspondientes a los ojos, la nariz y la boca. Usa un lápiz HB, haz poca presión.

Dibuja el contorno característico de la expresión de los ojos, de la boca y la nariz. Comienza a trabajar algunas líneas de expresión del rostro y la forma general de la cabeza. Añade las líneas básicas del cabello.

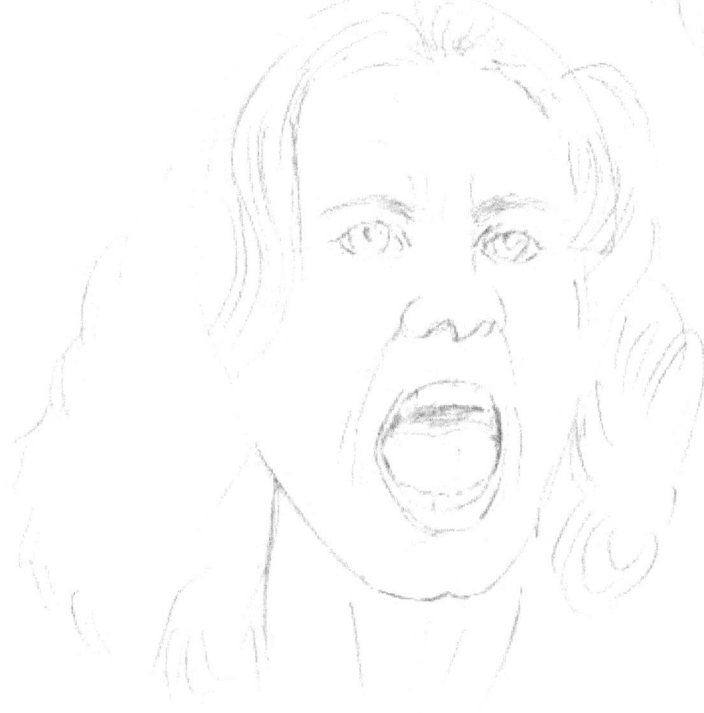

Usando el lápiz HB y el 2B comienza a definir detalles de la expresión característica de los ojos, de la nariz y de la boca. Observa como se fruncen el entrecejo y se arquean las cejas completando la acción en la mirada. El largo de la nariz se contrae al abrir desmesuradamente la boca viéndose la lengua y la dentadura. Esta expresión activa los músculos del cuello notándose la tensión sobre la piel.

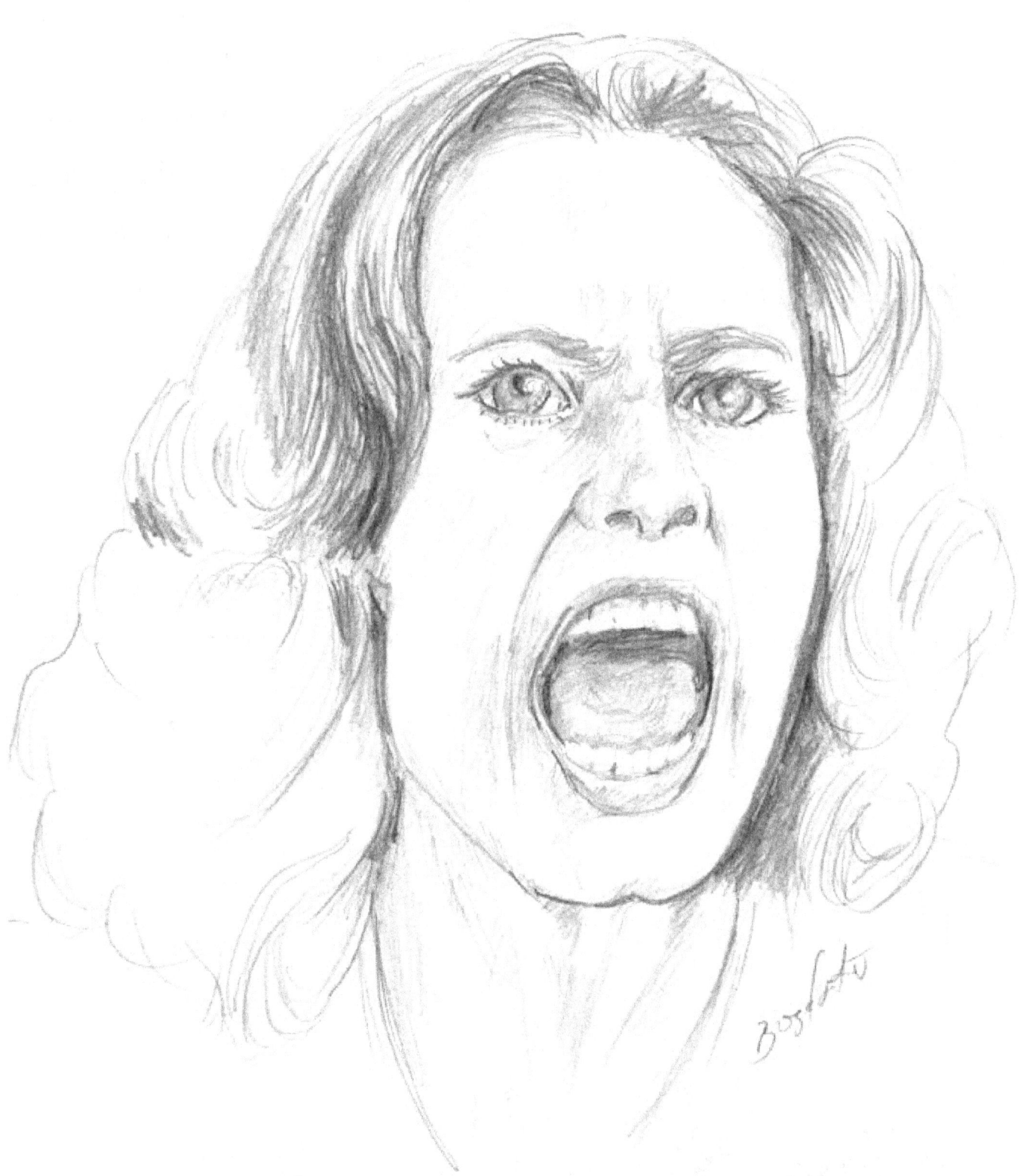

Ferocidad, ira o coraje: Combinación de los músculos (2) orbicular de los parpados, (3) superciliar y (10) triangular de los labios con los músculos del cuello.

DIBUJOS PARA PRACTICAR

Ya aprendiste la estructura muscular básica en las expresiones faciales, ahora dibujaremos algunos ejemplos que muestran las características faciales según el sexo y las etnias. Las expresiones y estados de ánimo se reflejan en la disposición y forma en que se dibujan las partes en el rostro. Los ojos, la nariz y la boca se dibujan con estas alteraciones para mostrar el estado de ánimo y los sentimientos. Una sonrisa hace que los ojos y la boca adquieran una configuración muy distinta a un rostro mostrando enojo. Estudiaremos a continuación como dibujar algunas de las expresiones faciales más comunes.

A continuación puedes copiar los siguientes dibujos como práctica o usarlos de referencia para crear tus propios dibujos.

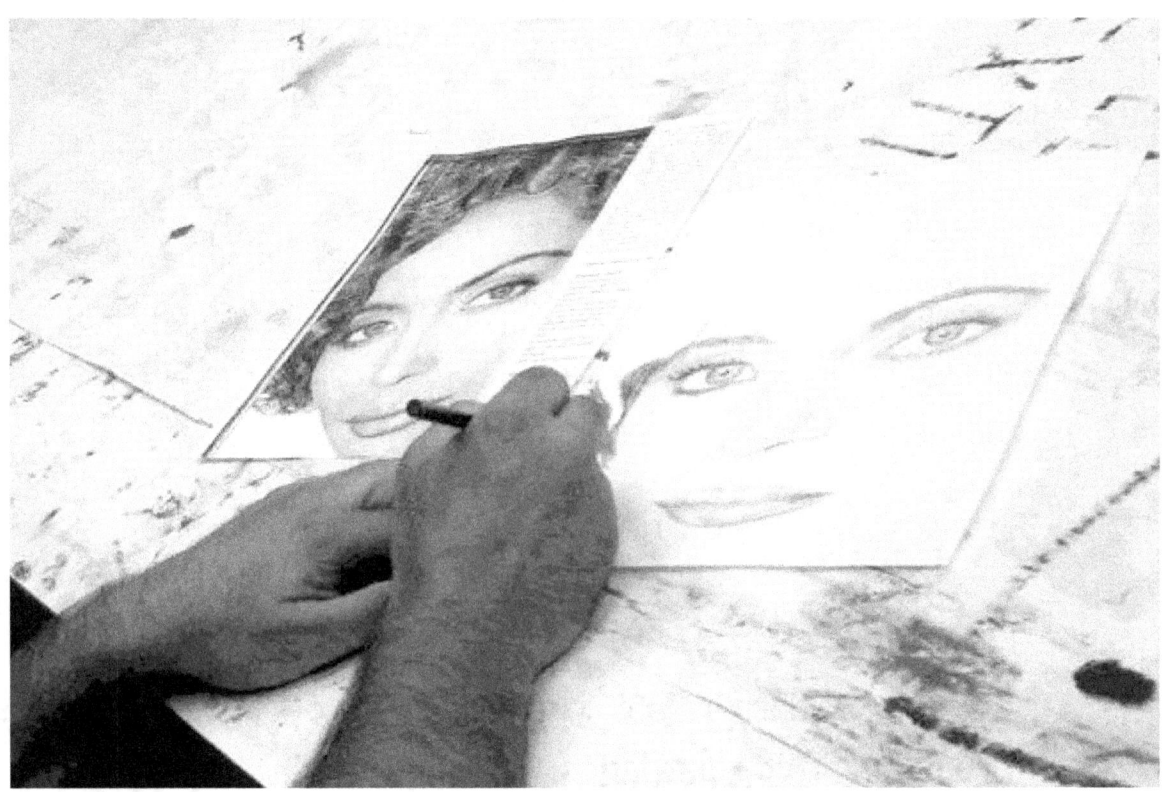

Ejercicio de práctica usando una fotografía de revista como modelo.

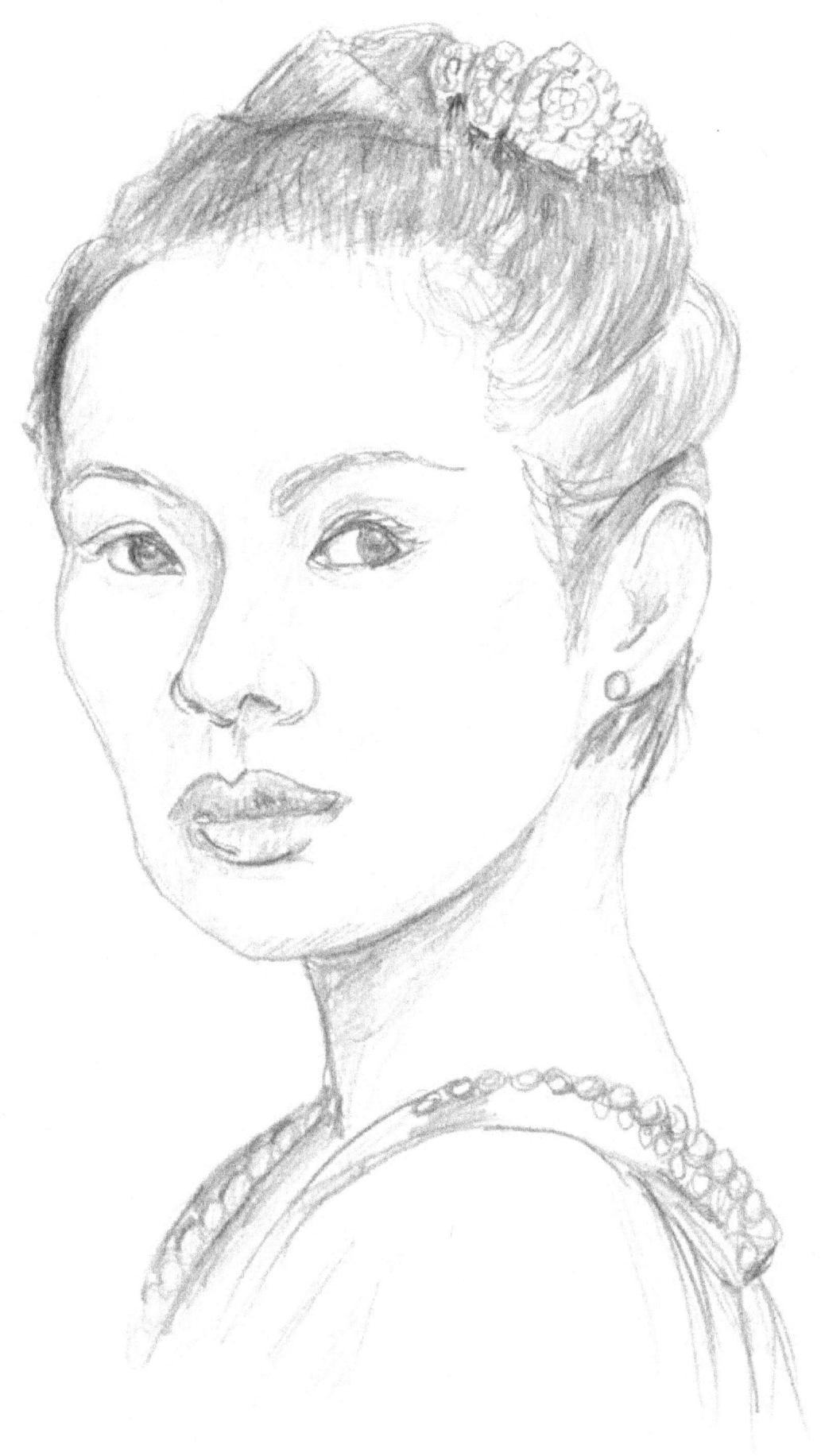

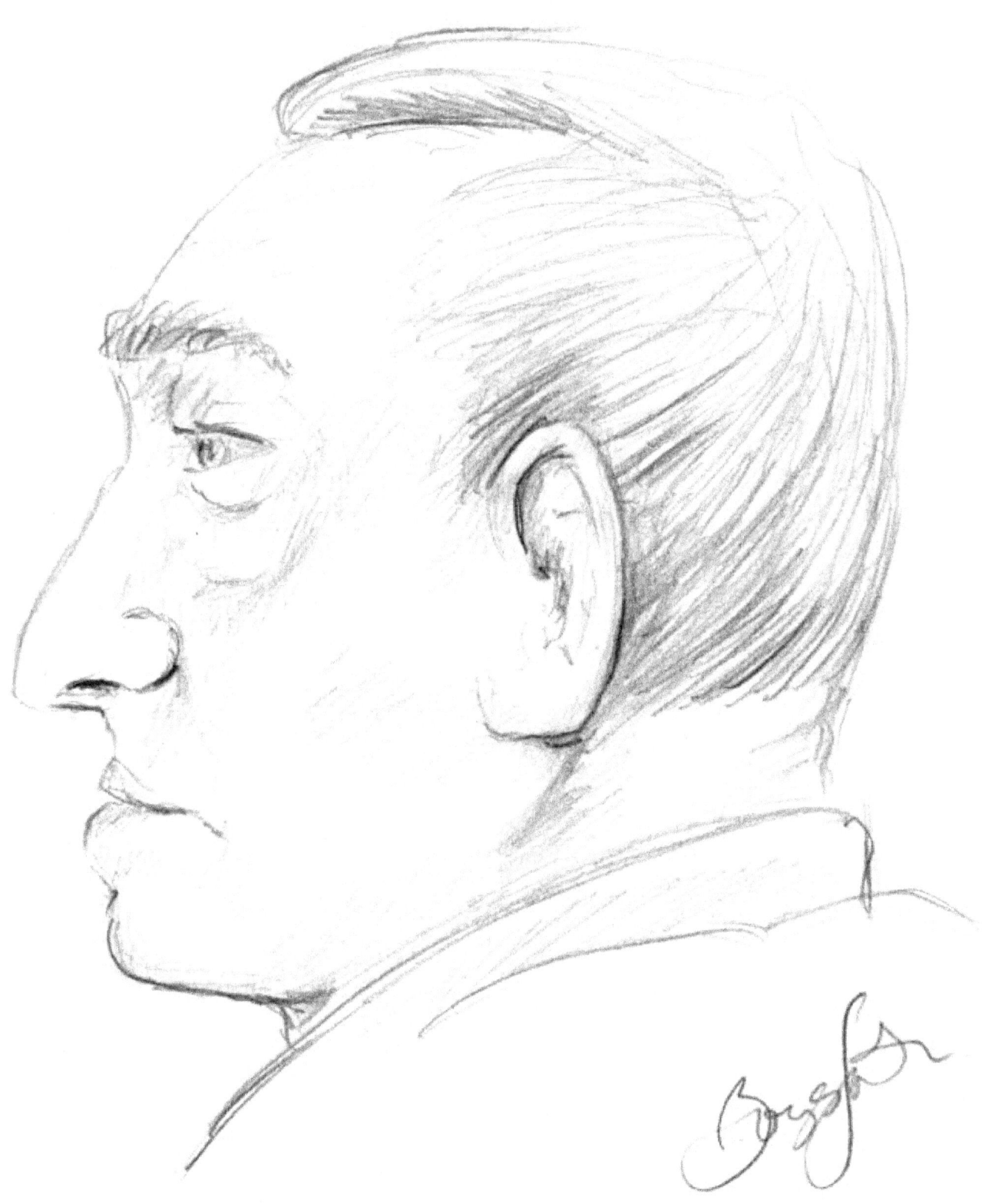

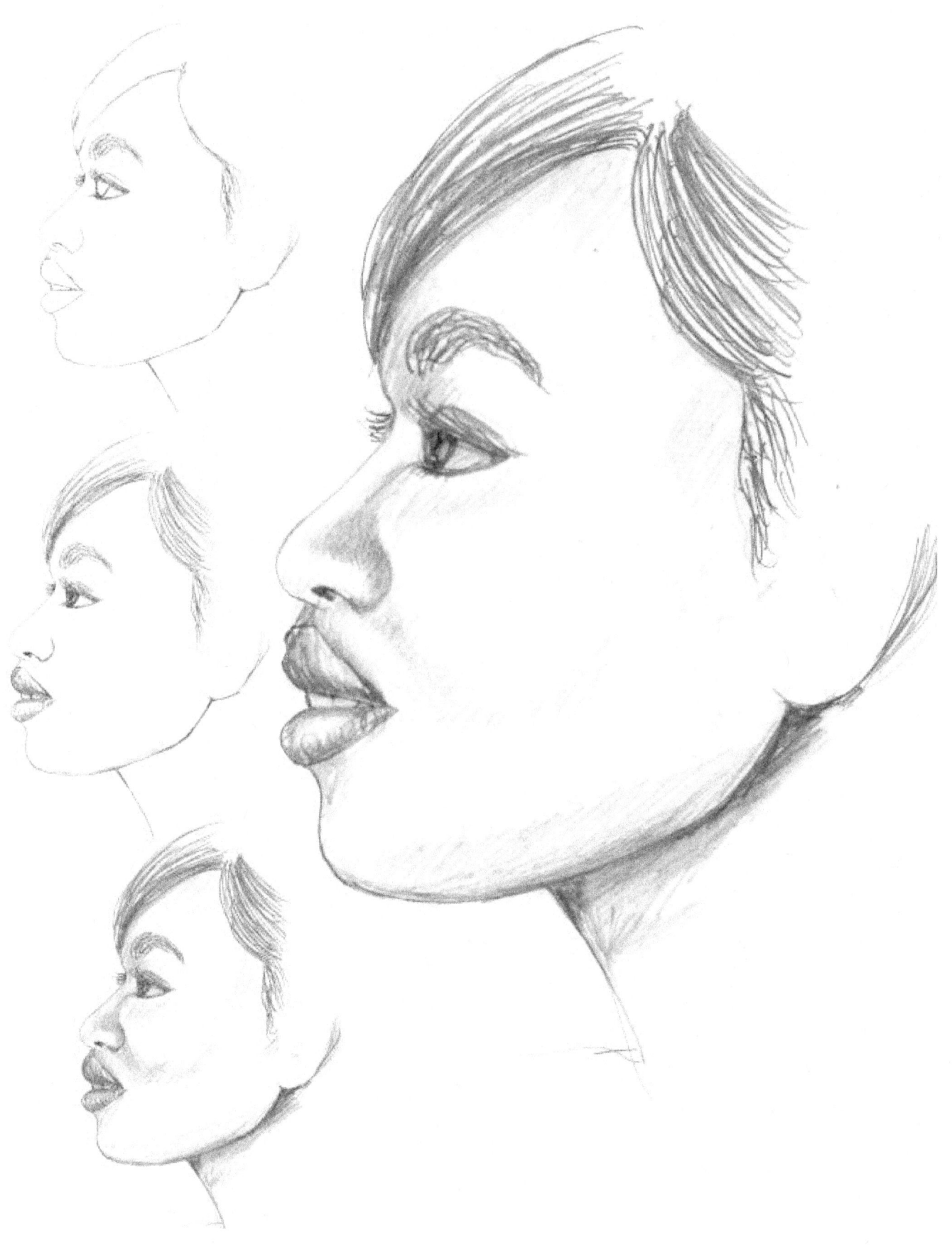

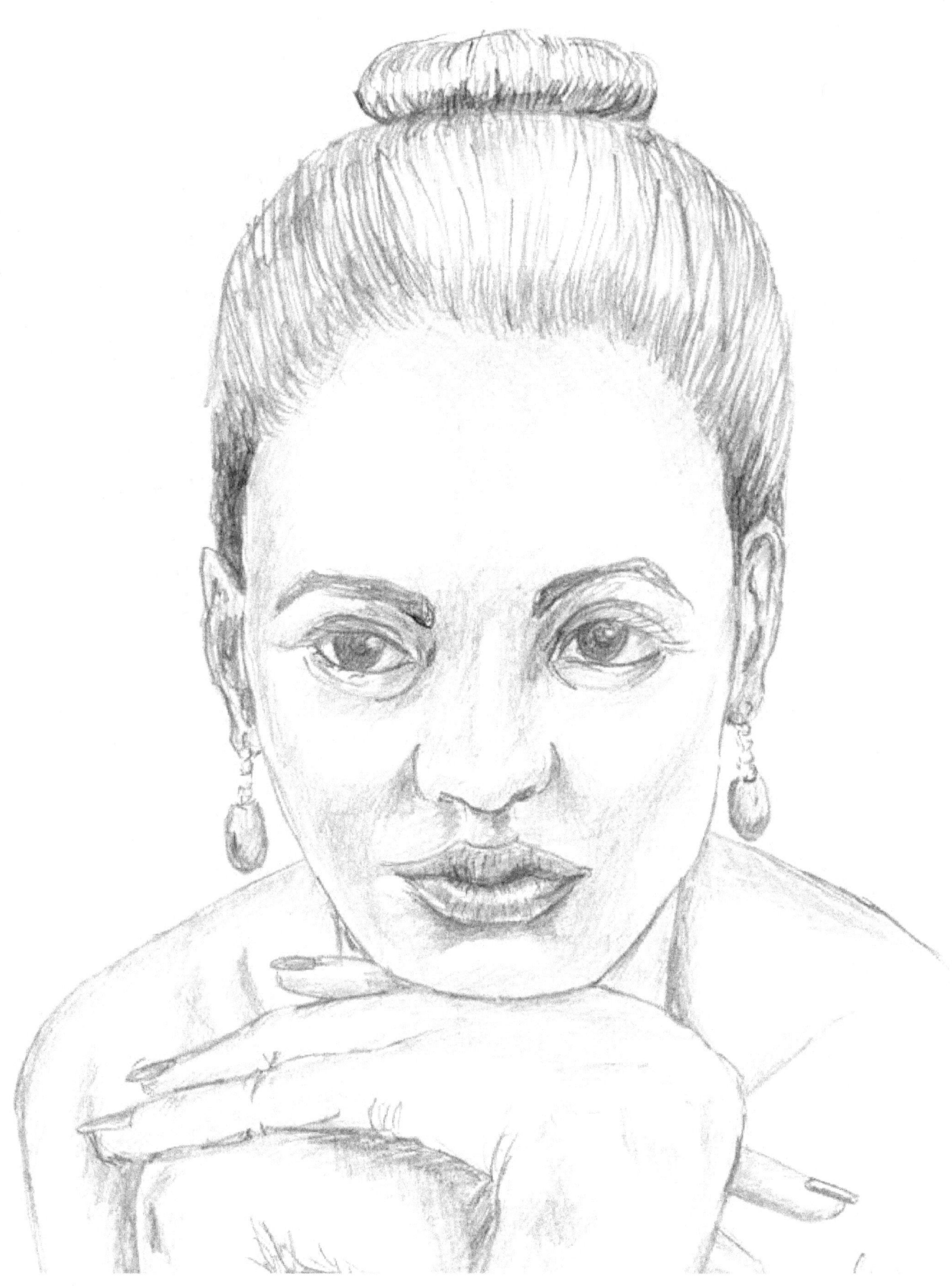

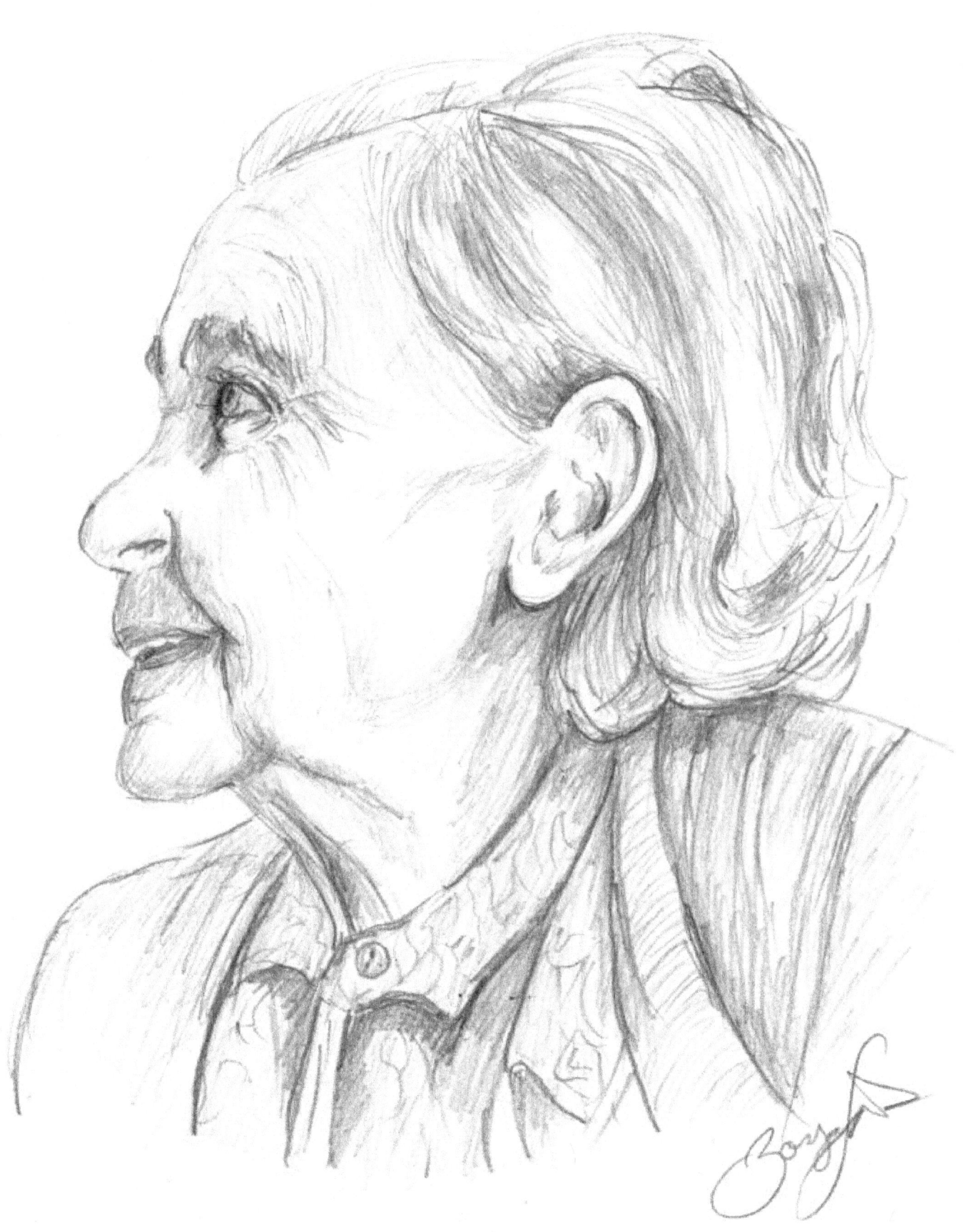

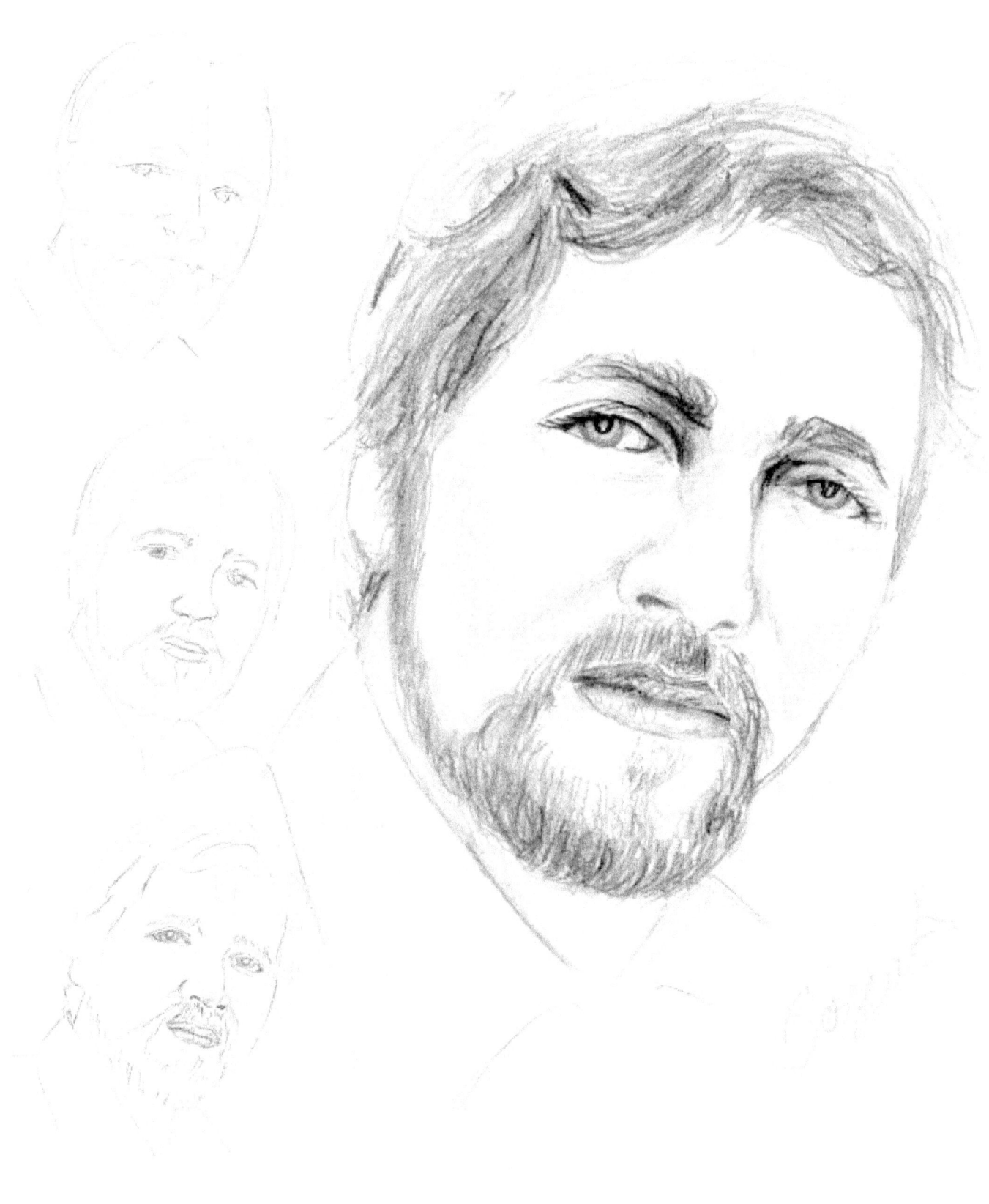

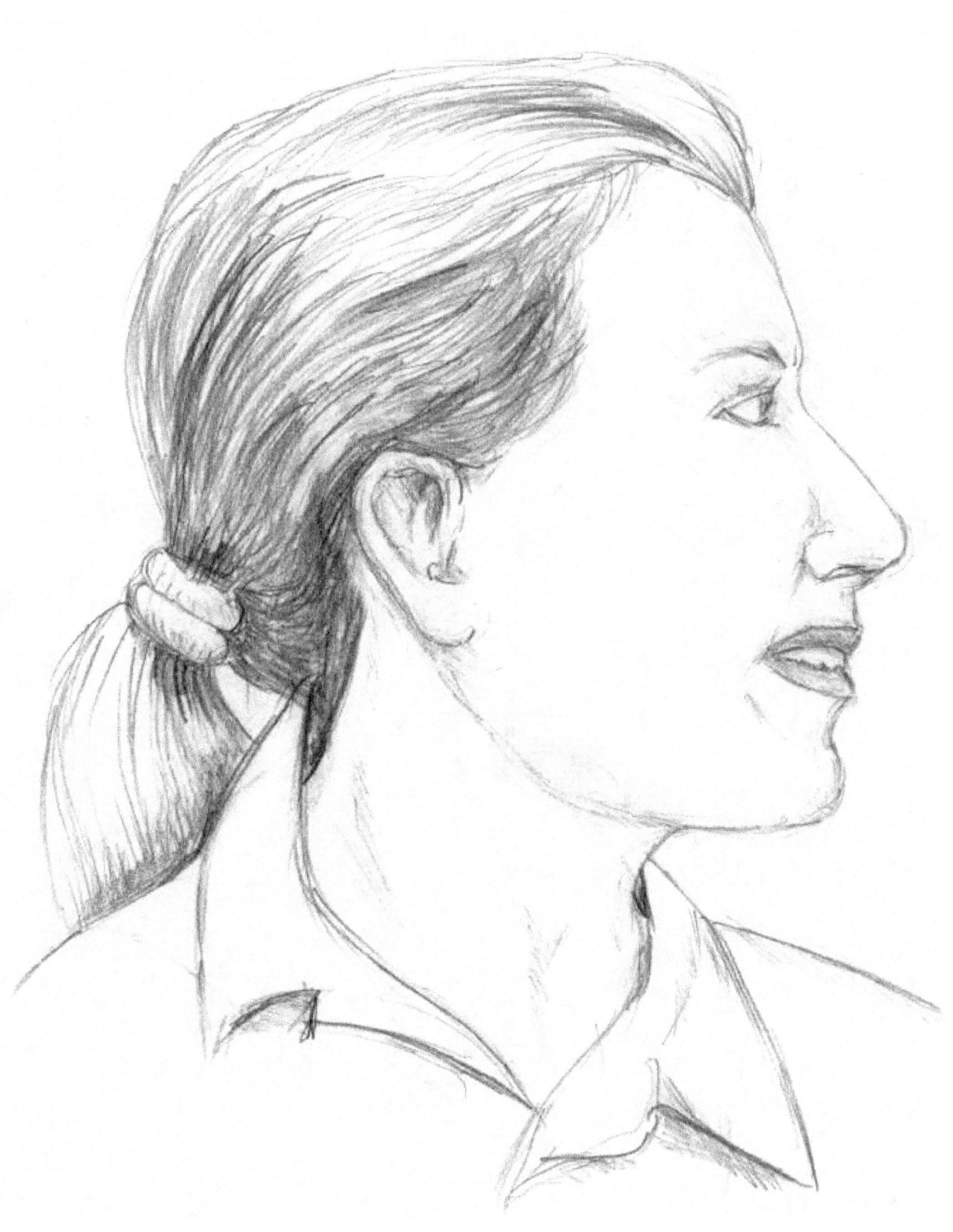

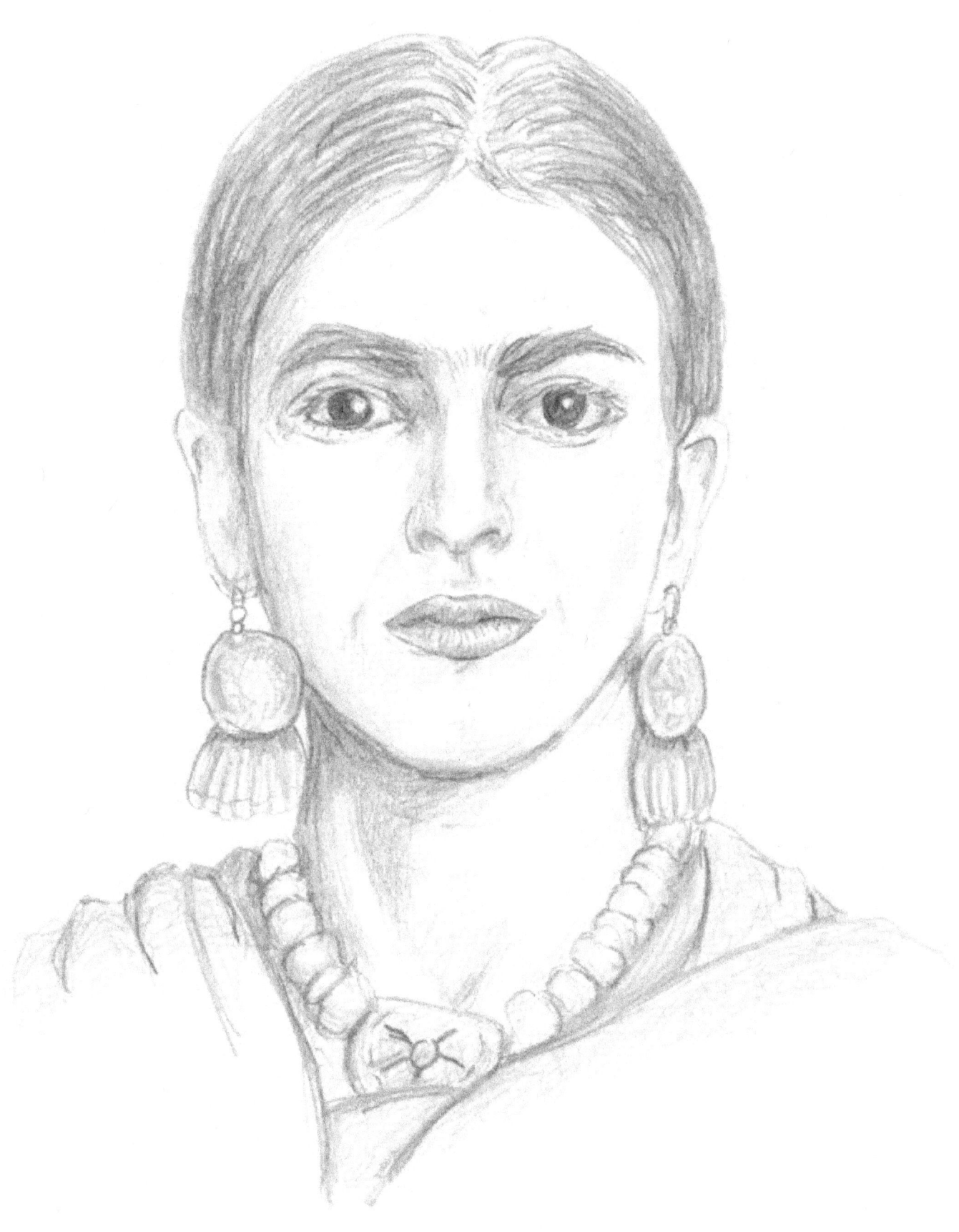

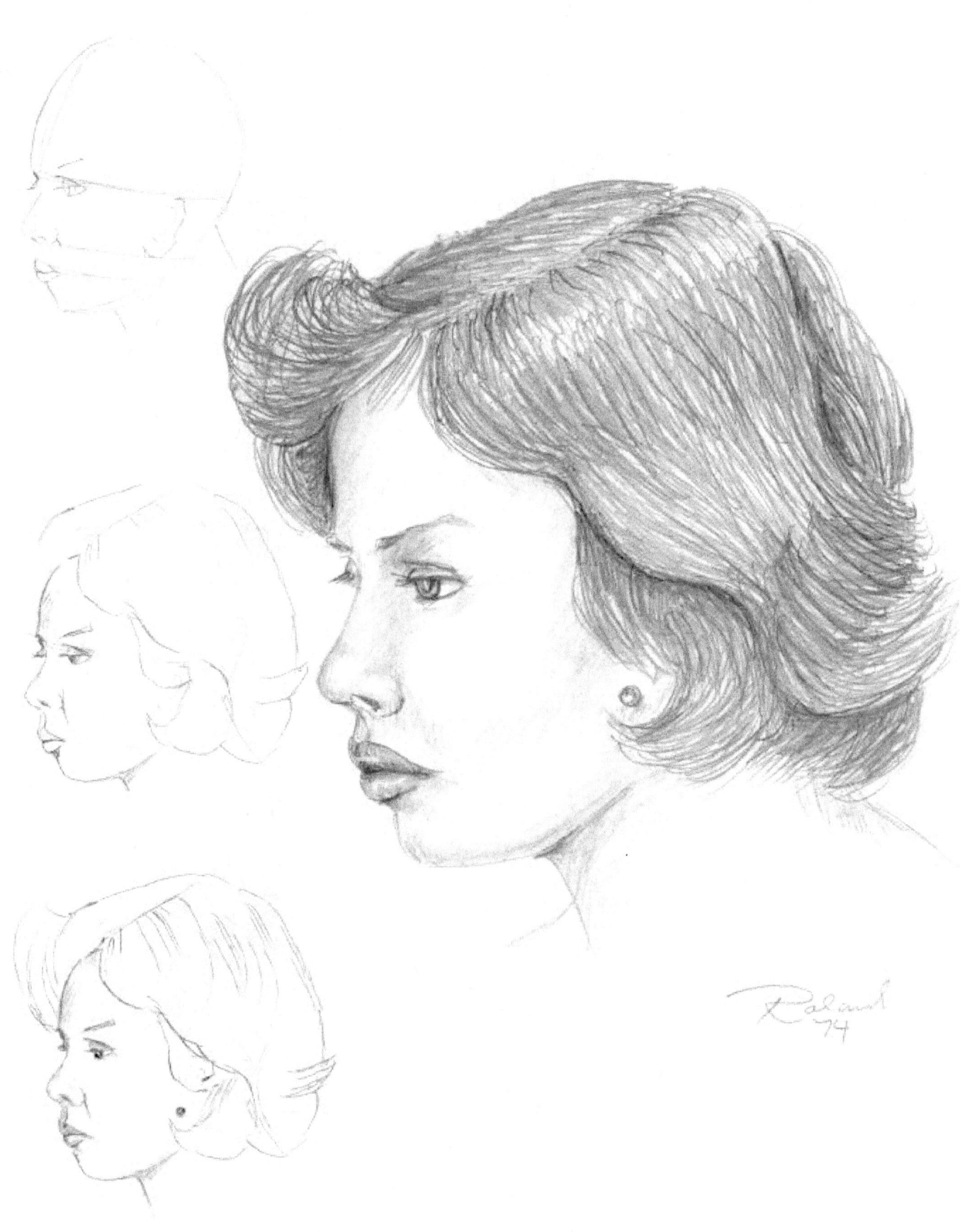

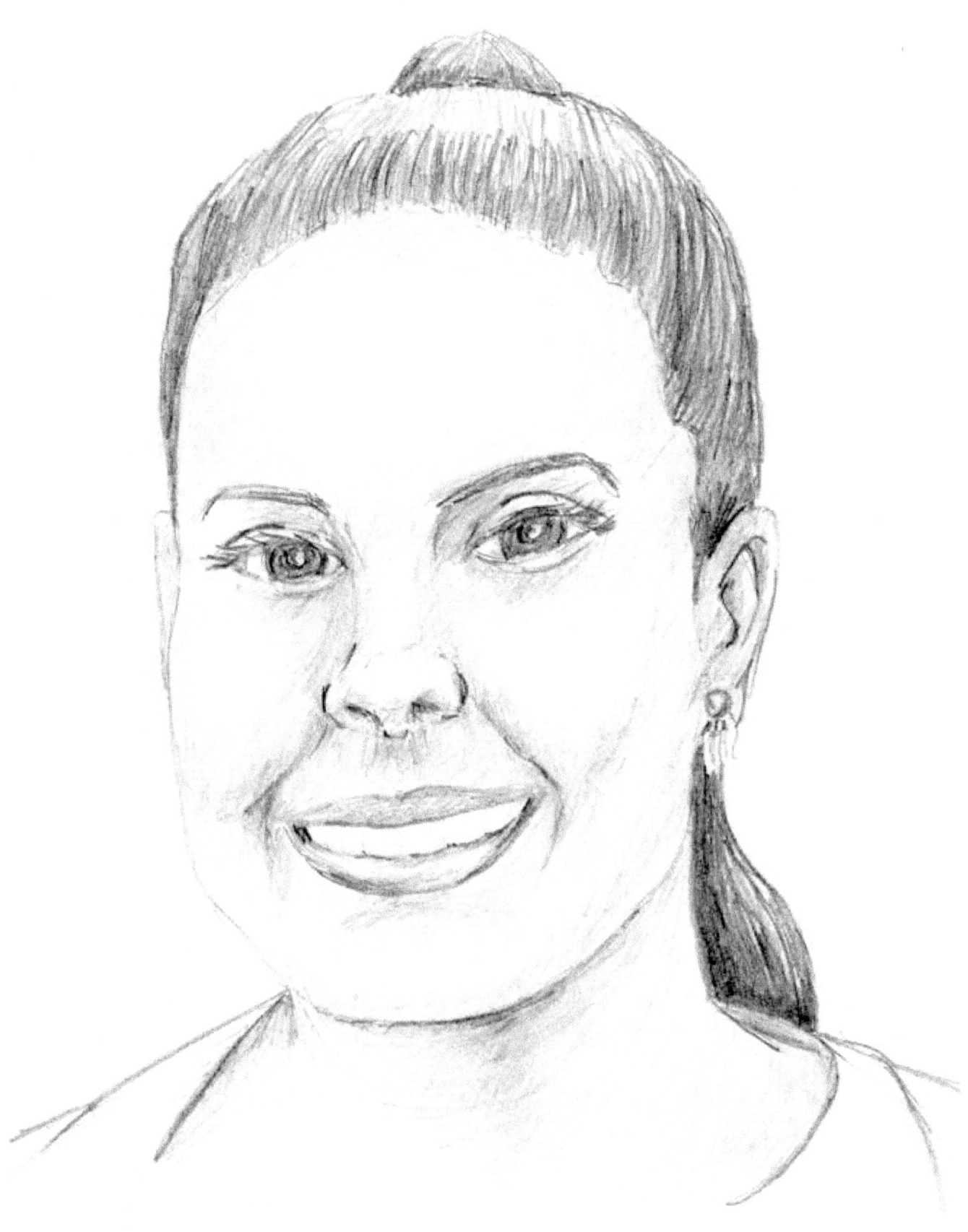

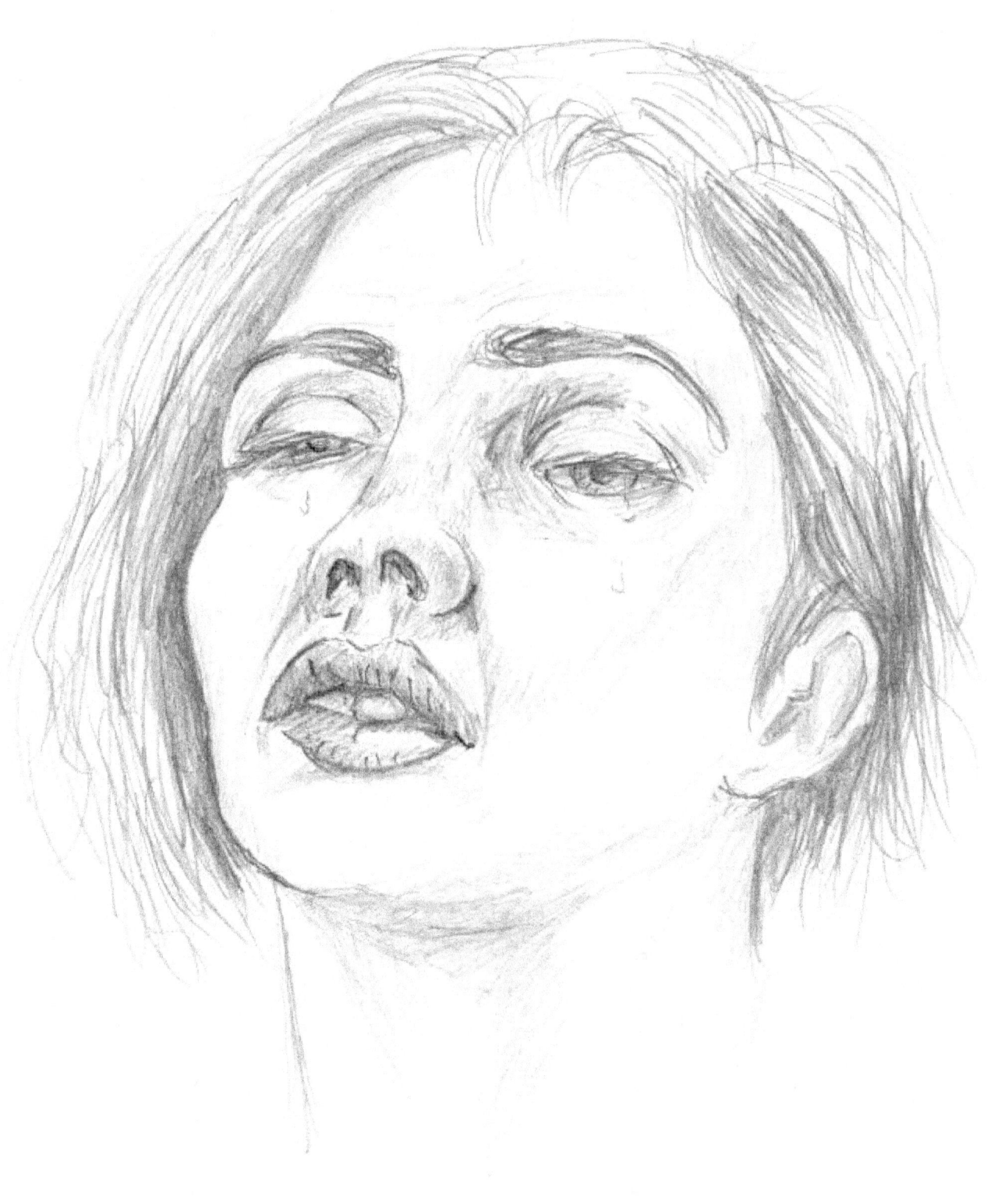

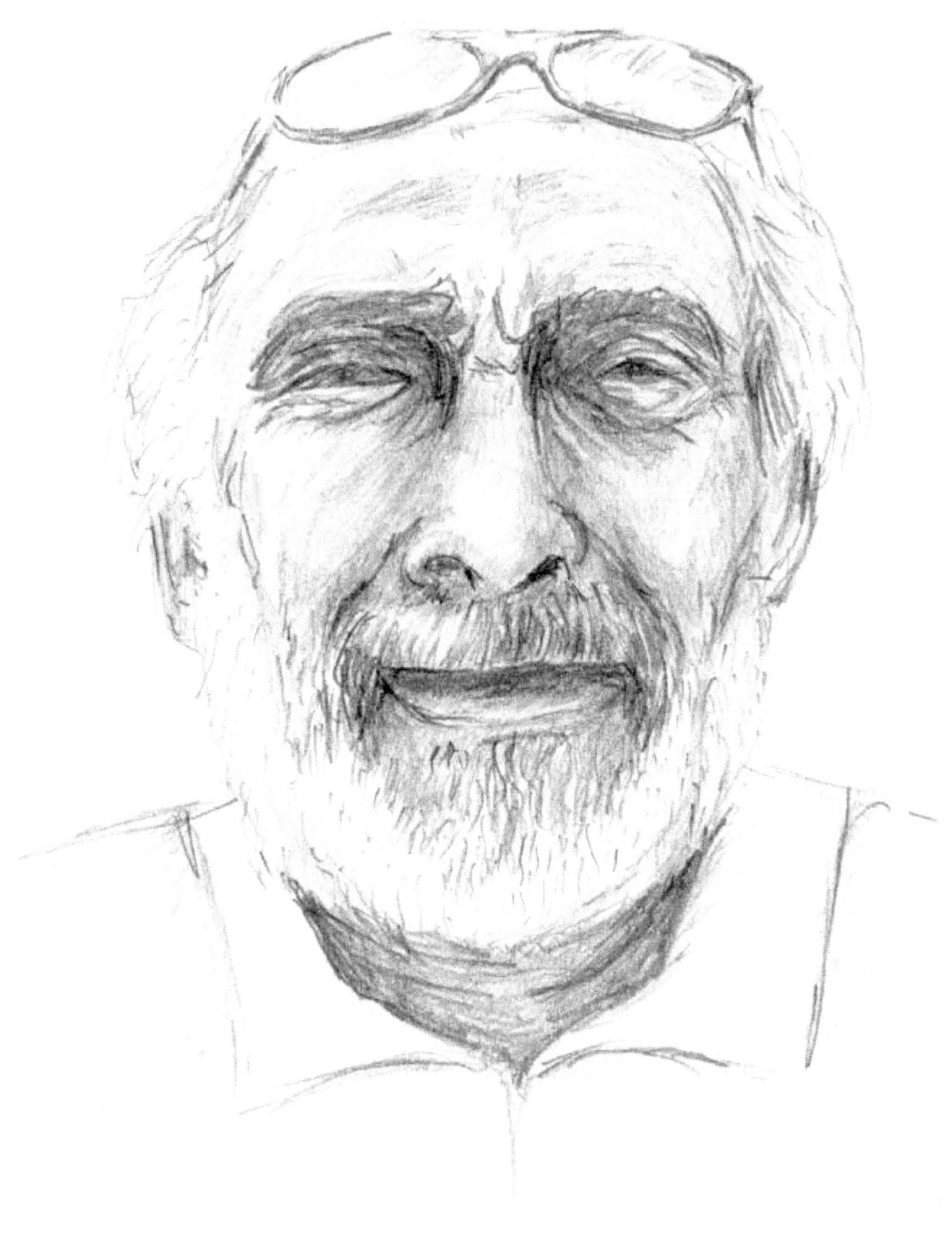

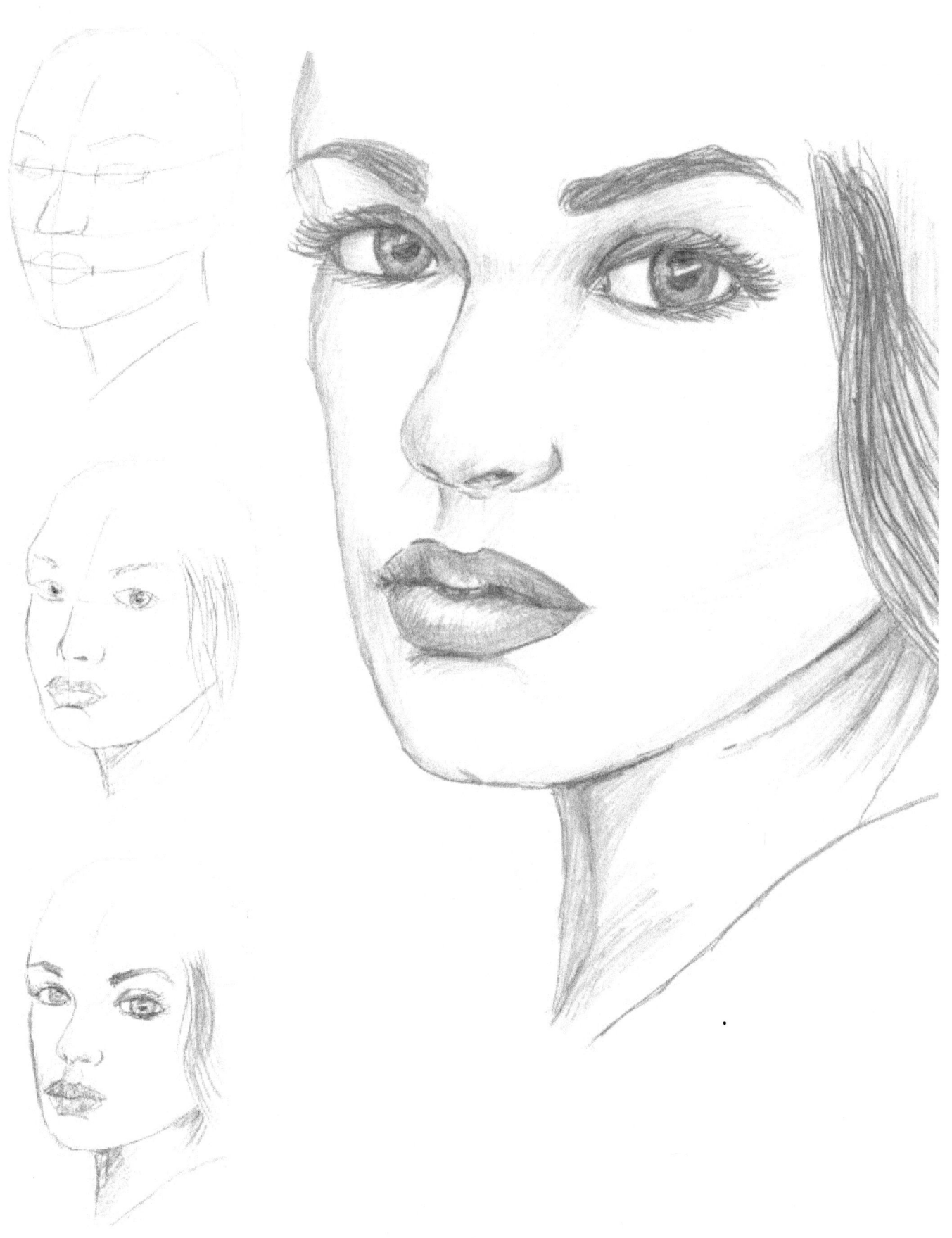

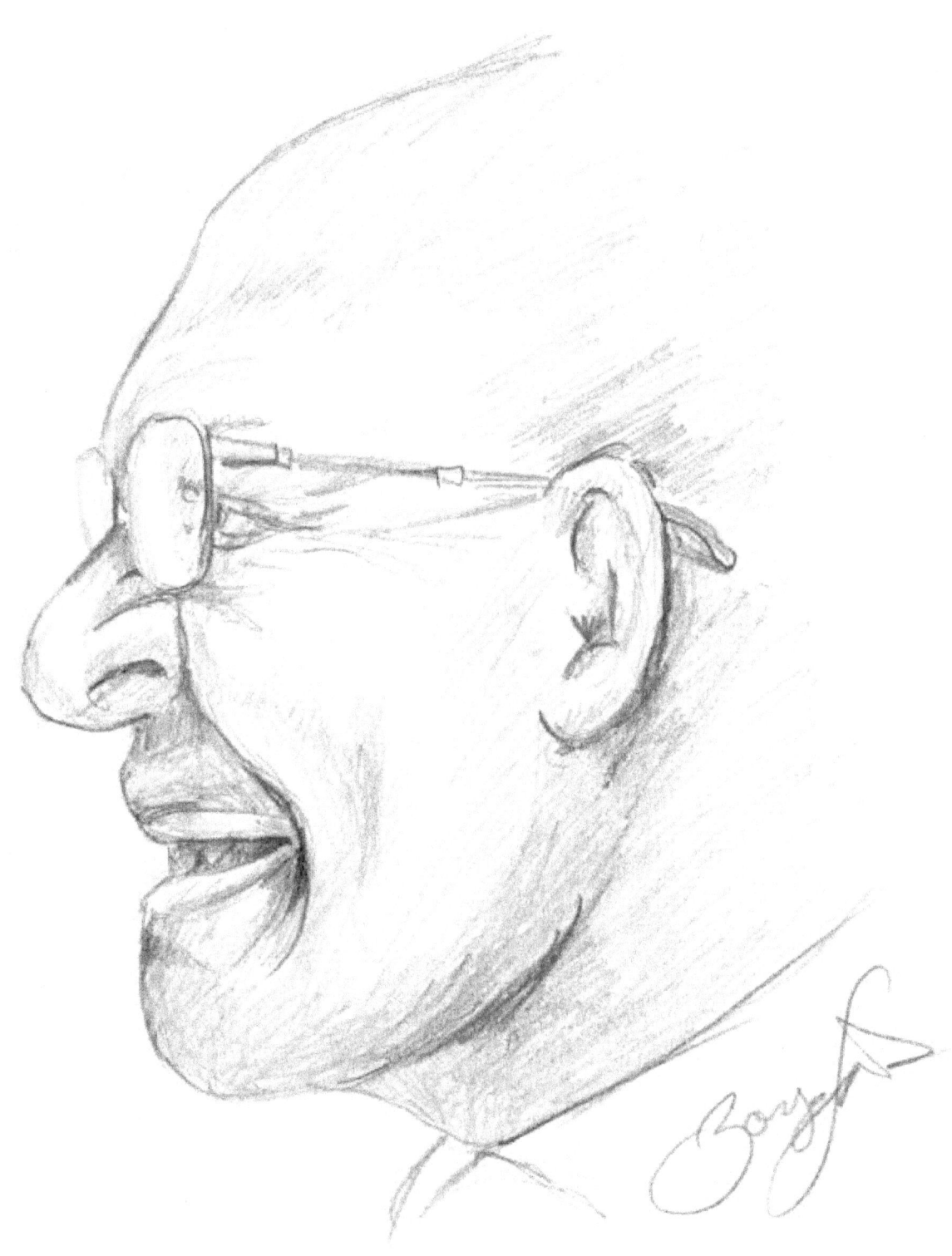

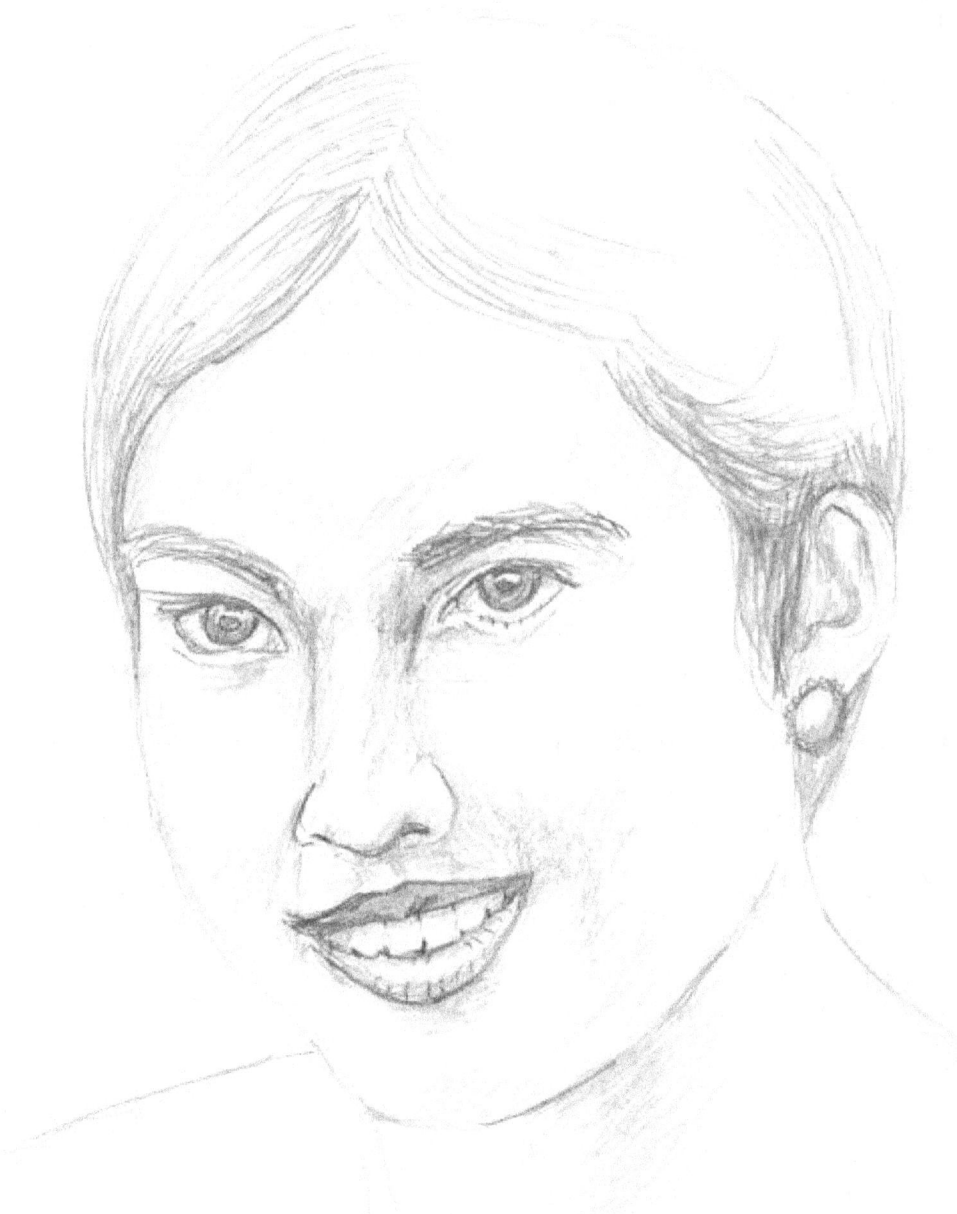

Por último te recomiendo que con la ayuda de un espejo o tu móvil poses y dibujes diferentes expresiones como práctica. Mientras más práctica, mejores resultados. Luego que te sientas confiado invita a tus familiares y amigos a que modelen para ti.

CLAROSCURO

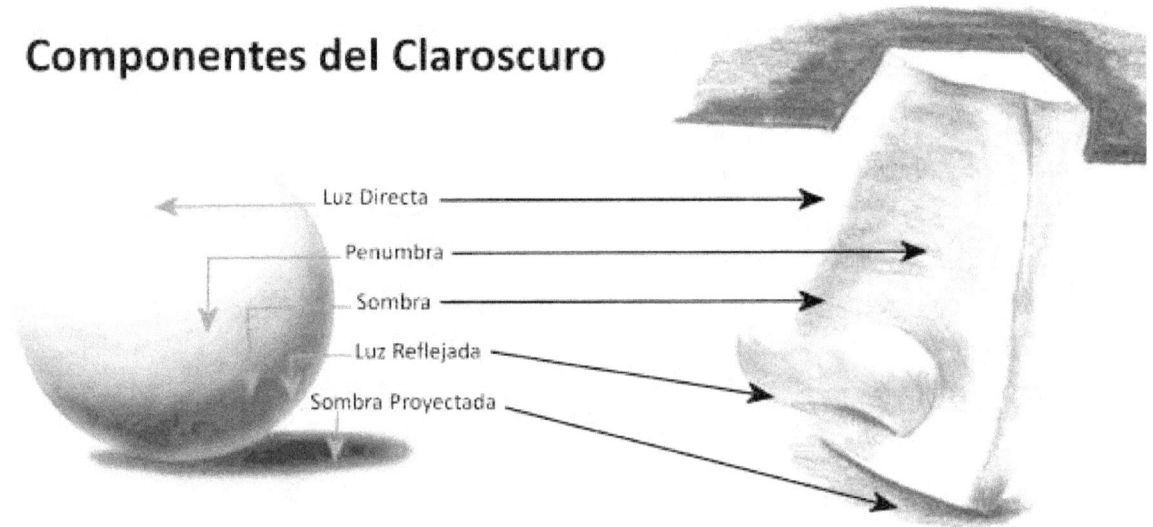

En la naturaleza ves que los objetos adquieren un volumen tridimensional. Este efecto es producido por la luz que los ilumina y por las sombras que proyectan. Para ello lo más importante ahora es aprender a valorizar de forma gradual las intensidades de la luz y de las sombras que puedes crear con el lápiz.

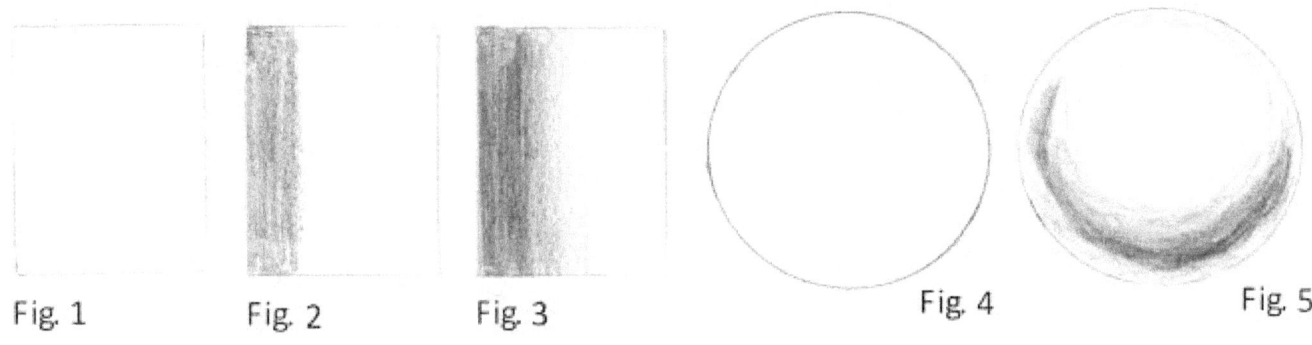

La sensación de relieve se logra con el claroscuro o sea mediante el juego de luz y sombra. Todo volumen produce sombras. Observa las ilustraciones anteriores, la figura 1 y 2 representan dos rectángulos iguales. En la figura 2 he trazado ligeramente una leve sombra acentuada hacia el lado izquierdo. Fíjate como comienza a ganar volumen. El efecto es más notable en la figura 3 donde existe un blanco limpio y un negro solido con una suave transición de la luz a las medias tintas y a la sombra. En la figura 4 ves un círculo que por el efecto del claroscuro o la aplicación de sombras se transforma en una esfera en la figura 5. Cuando dibujes claroscuro, busca primero dónde está la luz más intensa y donde la sombra más oscura. Recuerda, todo volumen se manifiesta por su sombra. La sombra tiene una forma que responde al volumen que representa, no es una mancha sin forma.

La forma más simple de sombreado es el rayado, hacer líneas seguidas o juntas usando la punta del lápiz o inclinándolo para pintar con el costado de la mina de éste. Es importante hacer todas las líneas en una misma dirección para que el resultado sea uniforme. La cantidad de sombra varía según la presión del lápiz como ya ha aprendido y con la cercanía entre las líneas. Puede retrasar con mayor presión sobre sombras ya dibujadas para conseguir mayores oscuridades.

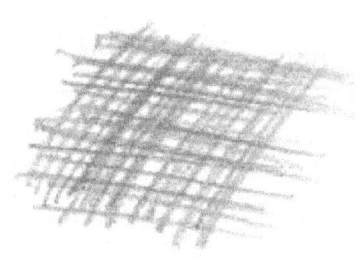

Otra técnica es el rayado cruzado, que es un tramado cruzando (*Cross Hatching*) los trazos de las líneas. Dibuja una serie de líneas diagonales y luego inclina el papel y dibuja otra serie de líneas que las crucen. Se puede obtener una menor o mayor oscuridad según la presión y la separación que dejes entre las líneas. Puedes trazar con líneas cortas en cualquier dirección para concentrar y conseguir mayor oscuridad.

Hay una técnica que es de rollitos, que consiste en dibujar los trazos de forma circular o hacer una serie de círculos pequeños que se superponen 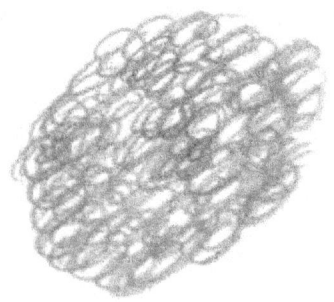 entre sí para crear los valores tonales. No es necesario que los círculos sean perfectos, solamente hazlos lo suficientemente pequeños y juntos. La oscuridad de la sombra depende de la concentración de los círculos que dibujes así como la presión que hagas con el lápiz. Esta técnica es muy útil para dibujar la piel y el pelo de algunas personas, ya que el acabado es irregular. Para el caso de la piel es preferible hacer los círculos suavemente.

Finalmente, estas tres técnicas que te he mencionado se pueden complementar con el suavizado o difuminado. Está consiste en utilizar un trozo de papel toalla, papel higiénico, alguna tela suave o un difuminador para mezclar el grafito del lápiz que trazamos en nuestro dibujo. El resultado es una mezcla uniforme, suave del trazado del lápiz. Nunca use sus dedos para suavizar la textura del rayado, pues éste deja grasa y mancha el dibujo.

Si tienes dificultad para distinguir claramente a simple vista las formas de las sombras, entorna tus ojos y verás como se dibujan claramente. Sobre tu dibujo puedes trazar una línea suave que indique la forma de la sombra y el tamaño de los espacios y luego procede a sombrear con las técnicas explicadas anteriormente.

Una más simple para crear los medios tonos es emplear el esfumino o difuminador. Primero oscurece con tu lápiz el área correspondiente a la sombra más fuerte. Luego desde esa sombra debes desplazar el difumino hacia el lado que desees aclarar reduciendo la presión sobre el difumino gradualmente. Con el lápiz es posible conseguir prácticamente todas las gradaciones de grises para reproducir las diversas tonalidades y medios tonos en las sombras.

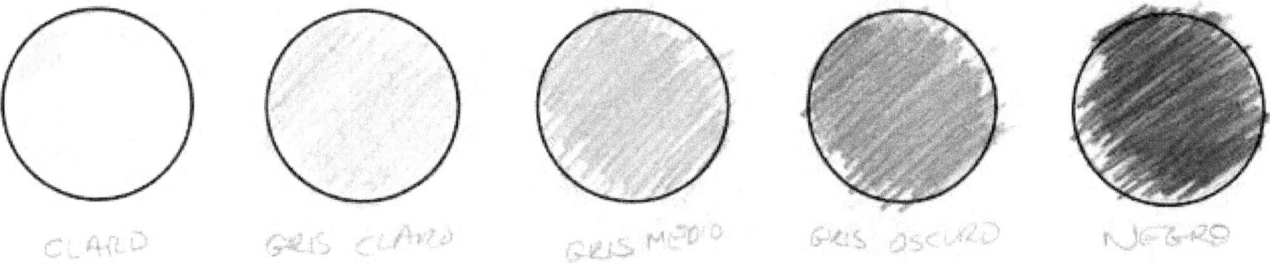

Prepara una escala de valores entre la máxima oscuridad que puedas lograr apretando bien el lápiz o el carboncillo, mientras va disminuyendo la presión va aclarando de forma gradual el valor tonal hasta llegar al blanco del papel que será la luz o lo más claro que podemos dibujar, observa la siguiente escala de valores.

Para un dibujo medianamente efectivo debes conseguir un mínimo de cinco (*5*) valores tonales. En el futuro puedes conseguir un juego de lápices de dibujo ya calibrados por valores, estos vienen numerados según la dureza de sus minas (*recomendamos un F, HB, 2B, 4B y un 6B*)

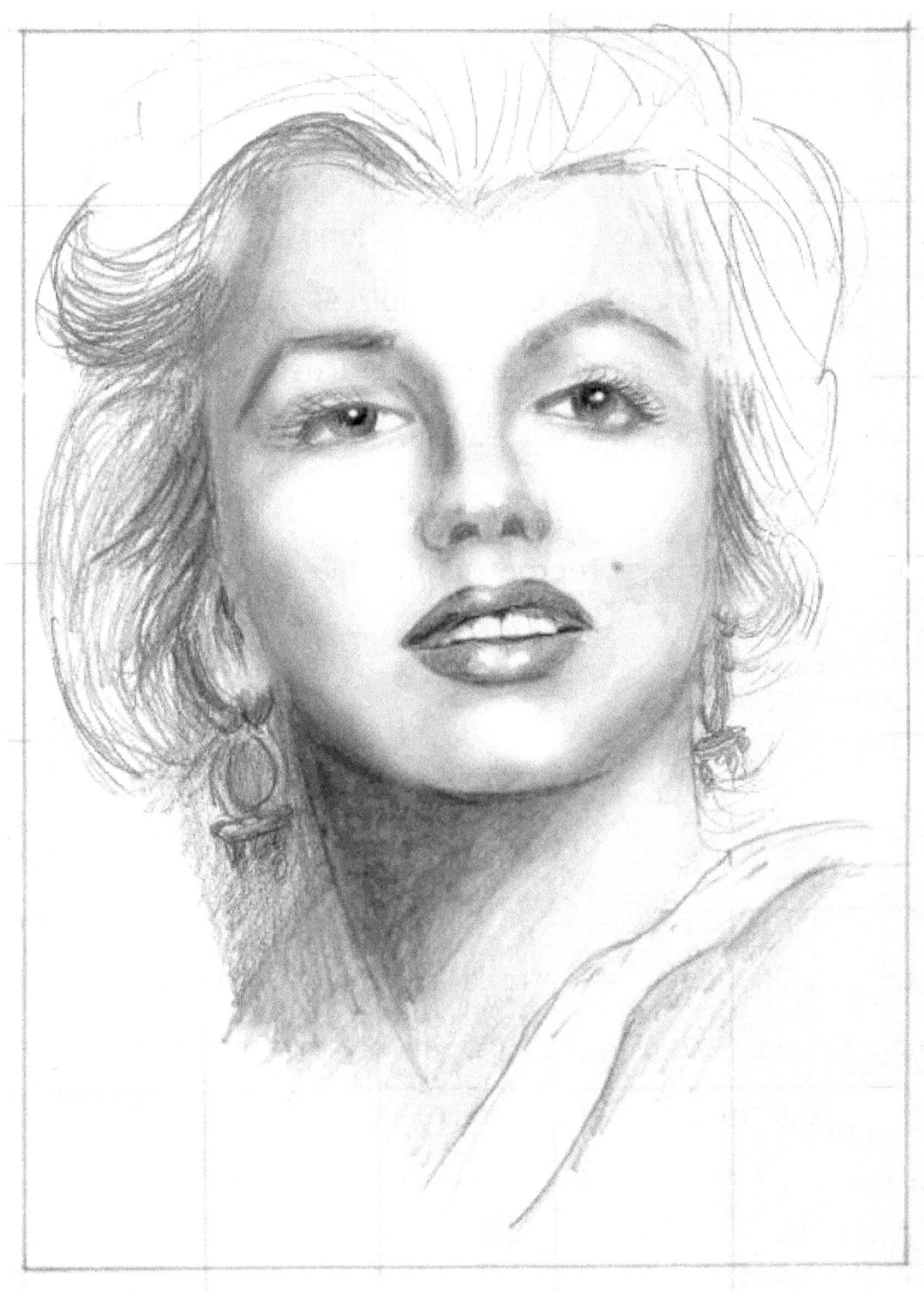

EXPRESIONES FACIALES EN LA HISTORIA DEL ARTE UNIVERSAL

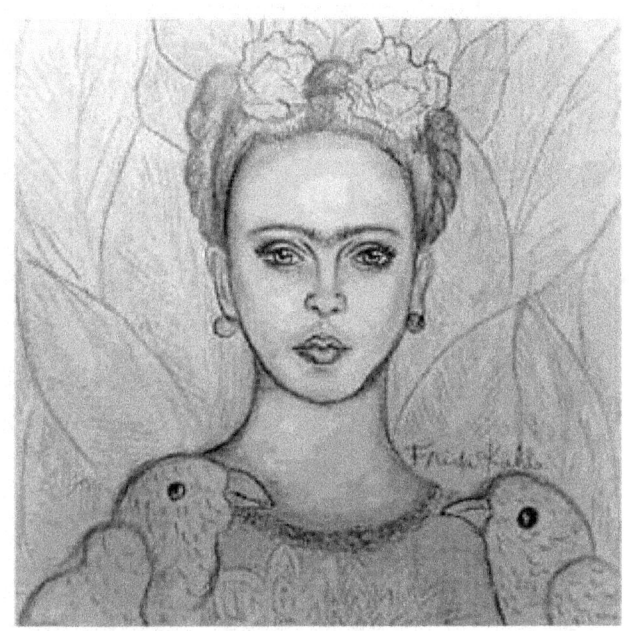
Frida Kalo

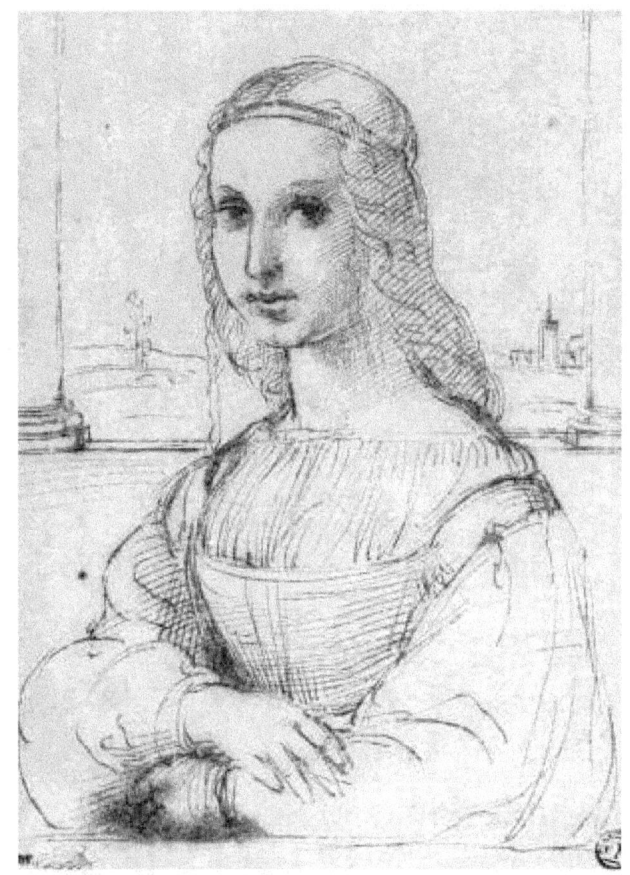
Raffael Sanzio

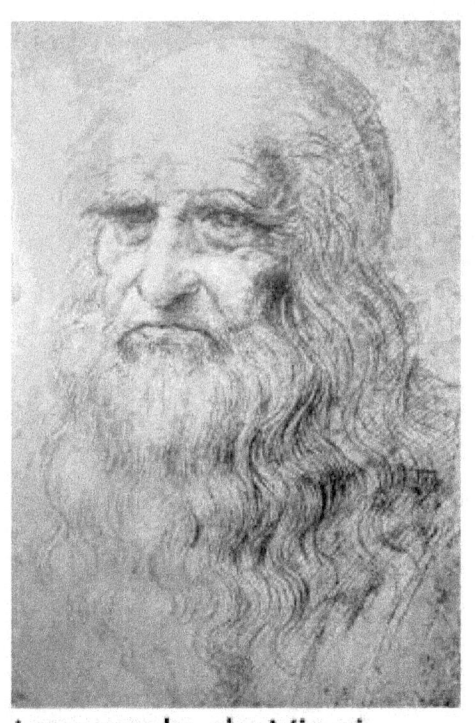
Leonardo da Vinci

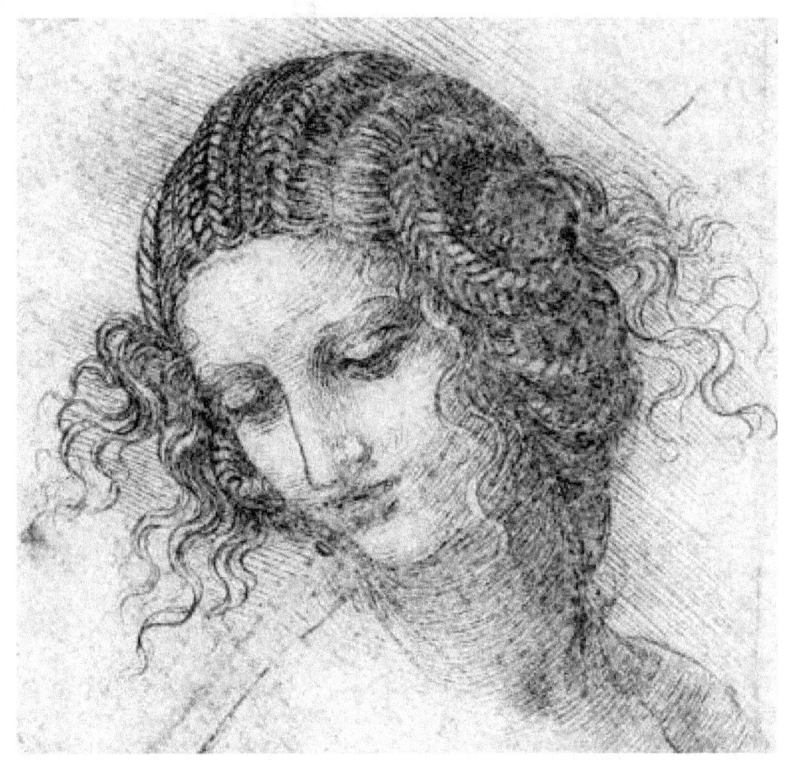

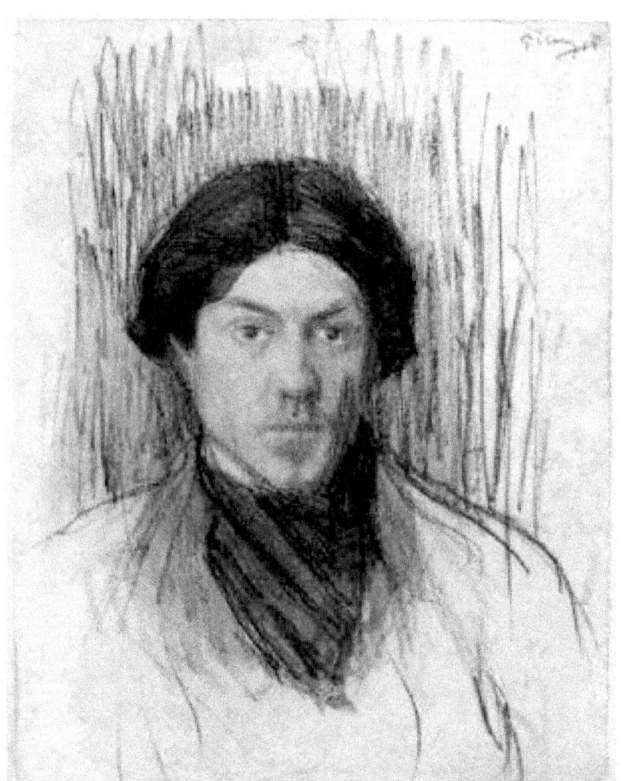

Pablo Picasso

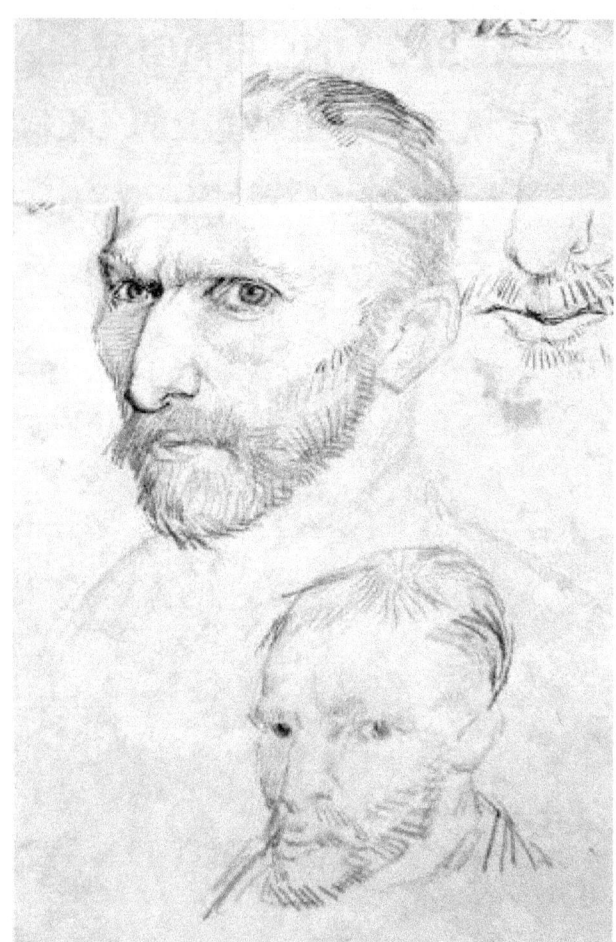

Vincent van Gogh

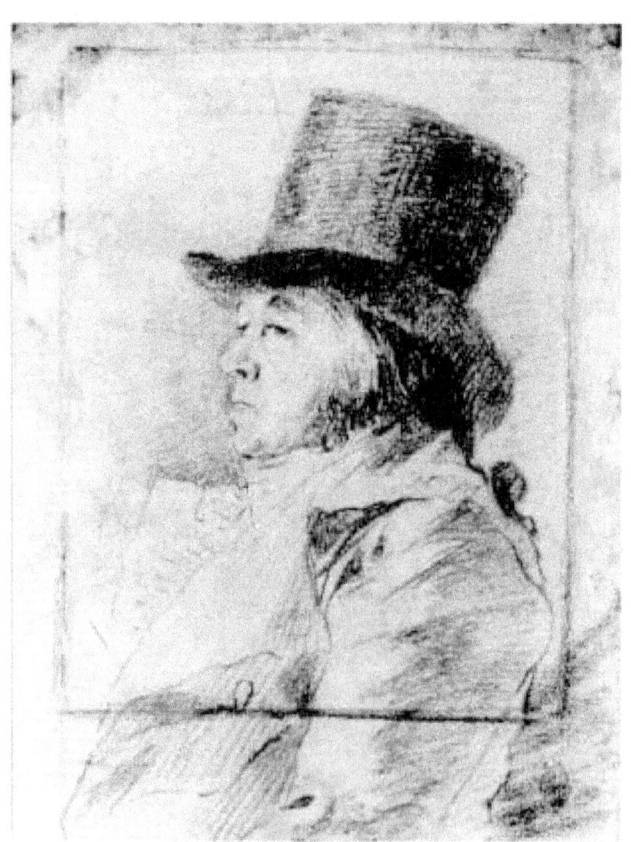

Francisco Goya

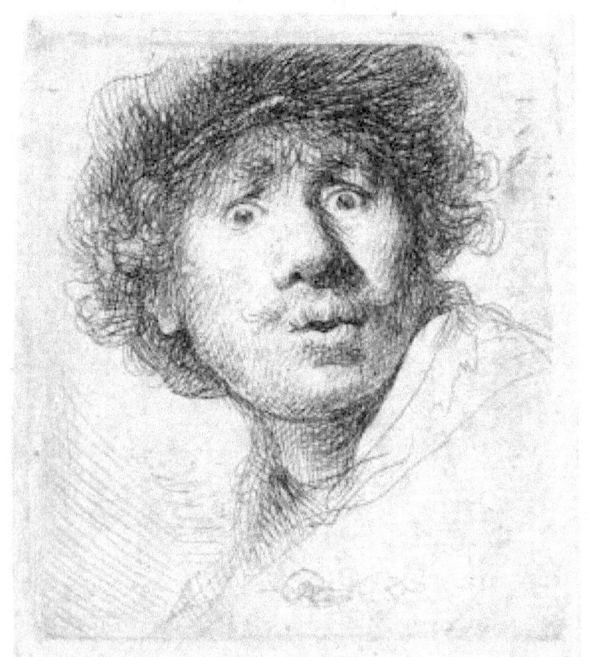

Rembrandt

DEFINICIÓN DE TÉRMINOS Y VOCABULARIO

Aditivas	Que se suma o se añade a algo.
Apuntes	Dibujo rápido para no olvidar algún detalle observado.
Boceto	Dibujo simple y rápido de una figura o composición donde se determinan detalles de la forma, las zonas de luz y las zonas de sombra.
Caracterizar	Determinar los atributos y rasgos que distinguen al modelo
Contorno	Forma que recorta o separa al objeto del espacio.
Contraluz	Efecto de luz que se produce cuando la fuente de luz está detrás de la figura o modelo.
Contraste	Equilibrio en la representación de luces y sombras para conseguir un efecto artístico.
Definir	Dibujar con claridad los elementos de una figura.
Dibujo	Trazar o delinear en una superficie imitando la figura de un cuerpo u objeto.
Difuminar	Fundir un color con otro para conseguir una superficie suave y sedosa en la pintura.
Encaje	Encuadre o ajuste del dibujo en el papel.
Entonar	Marcar luces y sombras en la pintura.
Escorzo	Cuando parte del modelo rompe el plano frontal y sugiere profundidad.
Esquema	Líneas simples para acomodar la figura en el dibujo.
Estudio	Observación de los detalles y proporciones de la figura para representarla con mayor exactitud.
Forma	Contorno o superficie externa de un objeto.
Gradación	Efecto por el cual una zona de luz o color se oscurece o aclara gradualmente.
Interno	Hacia la línea media o axial.
Lateral	Relativo o situado a un lado.
Masas	Zonas de color, luz o sombras uniforme.
Medial	Próximo al plano o línea medios.
Neutral	Que entre dos partes que contienen no se inclina a ninguna.
Perfilar	Definir el contorno o reforzar los trazos para destacar una parte en la pintura.
Perspectiva	Recurso para conseguir las tres dimensiones en la pintura.
Plano	Superficie imaginaria que atraviesa o limita en un sentido determinado.
Plano alejado	Zona que más se aleja (*fondo*) del espectador en la pintura.
Posterior	Situado en la parte de atrás.
Primer plano	Zona más cercana al espectador.
Proporción	Relación de tamaño que existe entre las diferentes partes de la figura o composición.
Proyectar	Orientar los volúmenes de la figura hacia un punto de fuga.
Punto de fuga	Lugar en la que convergen (*se unen*) todas las líneas de proyección de una figura.
Silueta	Contorno o forma externa de una figura.
Sombra	Zona oscura del modelo donde la luz es menos intensa.
Sombra propia	Zona opuesta a la fuente de luz en la figura o modelo.
Sombra Proyectada	Zona de oscuridad que produce una figura al interrumpir la dirección de la luz sobre una superficie.
Trabajar	Elaborar con mucho más detalle y terminaciones en la pintura.
Volumen	Efecto de relieve o tridimensionalidad en la pintura.

CONSEJOS PARA SOLUCIONAR UN BUEN ENCUADRE

1. Tener nociones básicas de perspectiva. Es importante buscar los apuntes sobre perspectiva en un buen libro y darles un repaso.

2. Elegir correctamente el tamaño y posición del papel o soporte que vayamos a utilizar (*apaisajado o retrato*); y ajustar la proporción de nuestro dibujo a los márgenes.

3. Dibujar sobre el papel las marcar necesarias para tener toda la información que podamos analizar mediante líneas y figuras geométricas y después transformarlas en lo que vemos. No empezar únicamente por las apreciaciones simples de nuestra vista.

4. Construir dos ejes centrales en la composición y no borrarlos hasta el último momento. Estas dos líneas deben ser la primera referencia y última de nuestro dibujo.

5. Trazar líneas suaves y finas. Evitar redibujar sobre las líneas ya trazadas para hacer un trabajo de manera que quede lo más exacto a modelo posible.

6. Marcar suavemente con el lápiz las líneas de correcciones primero y para poder borrar con facilidad después los errores.

7. Trabajar el dibujo con el papel a la altura de nuestra vista (*en caballete o tabla de dibujo*), para no tener que movernos demasiado y transmitir con exactitud lo que están viendo nuestros ojos y no la información que cree estar viendo e interpretando subjetivamente nuestro cerebro.

Roland Borges Soto, M Ed.

Autor

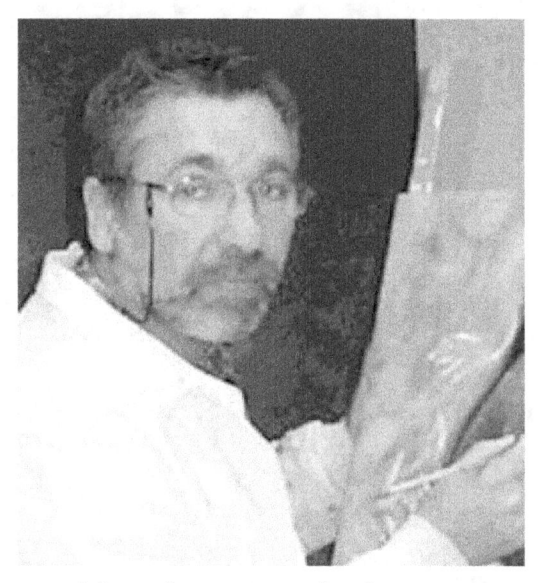

Roland Borges Soto: profesor, escritor, diseñador de multimedios y artista plástico, entre alguna de las muchas cosas en las que se desempeña. Nació en Nueva York de padres puertorriqueños en 1954. A los 9 años cursó sus primeros estudios formales de dibujo.

Obtuvo su Bachillerato en Artes e Historia en 1975 y más tarde una maestría en educación de artes visuales y desarrollo de currículo. Es considerado parte de la tercera generación de artistas puertorriqueños. En 1978 es nombrado miembro honorífico del American Film Institute. Fue homenajeado en una Exposición 'TORREROS' en el Museo del Faro de los Morrillos y proclamado hijo adoptivo de la Ciudad Arecibeña donde fundó en 1980 La Academia y Centro de Arte de Arecibo. En 1996 es nombrado por la Unidad de Escuelas Especializada del Departamento de Educación de Puerto Rico miembro de la Facultad de la Escuela Regional de Bellas Artes. En 2009 se une al Taller Kumbayá donde ofrece tutorías a estudiantes y artistas en formación. En 2016 recibe la medalla de oro por sus ejecutorias como artista y profesor en la celebración de 500 años de Arecibo. Tiene a su haber la producción de numerosas publicaciones digitales para Colección de Puerto Rico y ha estado trabajando activamente en el quehacer cultural como jurado, escribiendo artículos de artes para periódicos, catálogos y revistas entre las que figuran *"El Progreso"*, *"Arte, Artistas y Galerías"* y *"Arte Latinoamericano"*. Entre algunos de sus títulos en artes plásticas más populares encontramos *"Dibuja Aprendiendo a Ver"*, *"Aprende a dibujar el cuerpo humano"*, *"Teoría y Práctica del Color"* y *"Aprende a dibujar Caras"* entre otros libros de la COLECCIÓN *Borges Soto*. Su propuesta más reciente *"Todos Somos Pirata"* es un proyecto multidisciplinario que incluye además de su obra plástica, una instalación conceptual y varios escritos entre los que figura una novela titulada *"Ultimo Pirata del Caribe"* y libros de cuentos ilustrados para niños.

Visita el portal del autor en: http://www.borgessoto.com

Si te agrado este libro recomiéndalo a tus amigos del arte.
Disponible en Amazon.com y Facebook

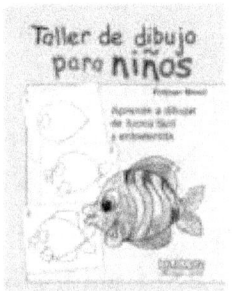 Volumen 1
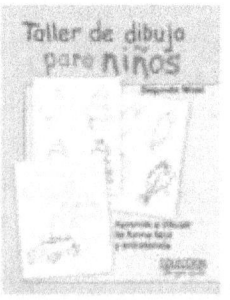 Volumen 2
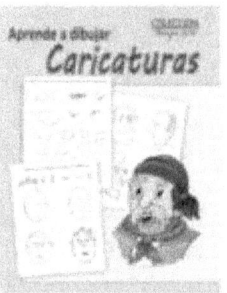 Volumen 3
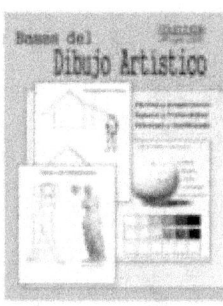 Volumen 4
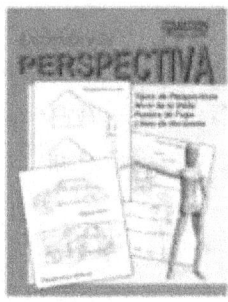 Volumen 5

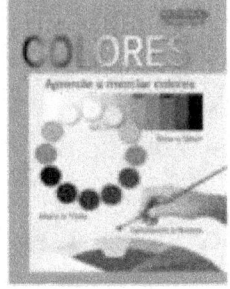 Volumen 6
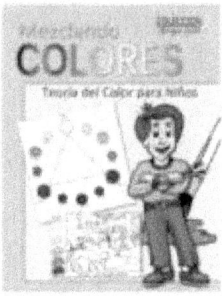 Volumen 7
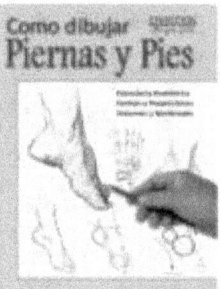 Volumen 8
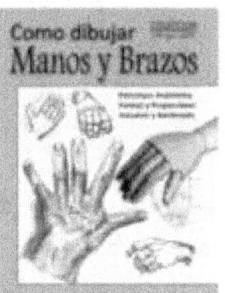 Volumen 9
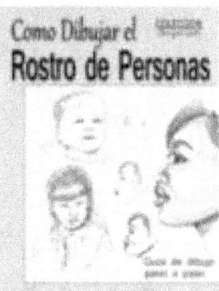 Volumen 10

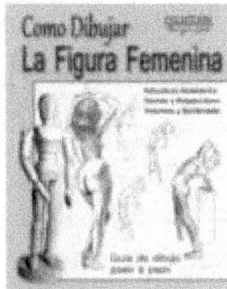 Volumen 11
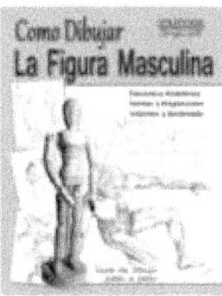 Volumen 12
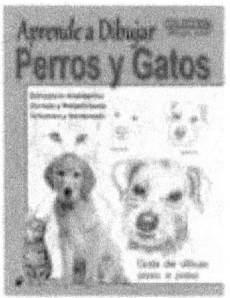 Volumen 13
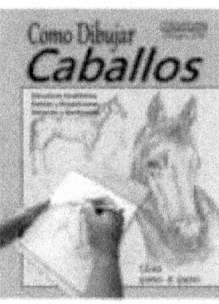 Volumen 14
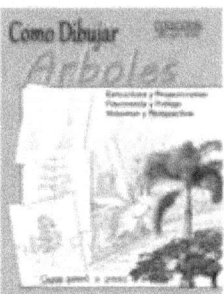 Volumen 15

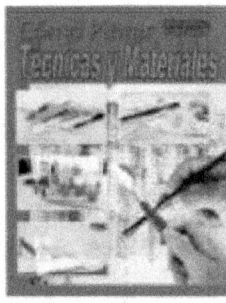 Volumen 16
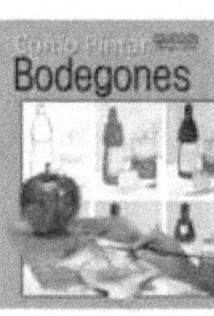 Volumen 17
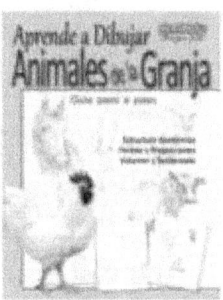 Volumen 18
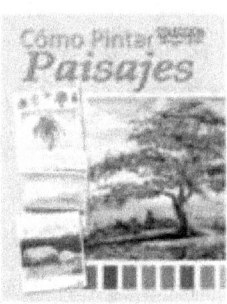 Volumen 19
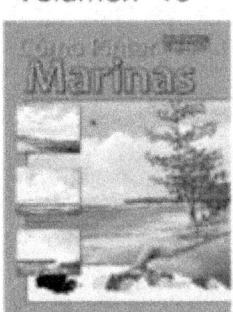 Volumen 20

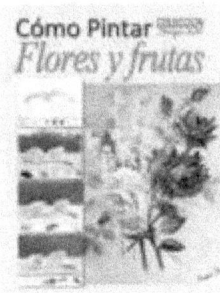 Volumen 21
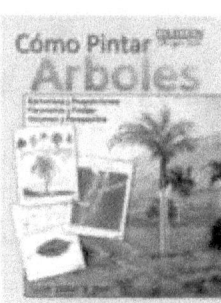 Volumen 22
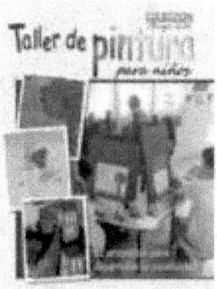 Volumen 23
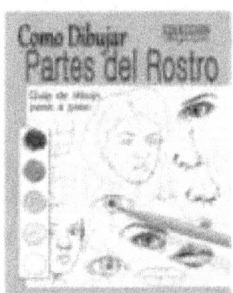 Volumen 24

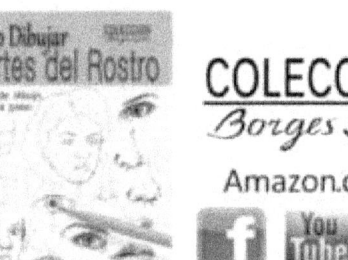

COLECCION
Borges Soto

Amazon.com

www.ingramcontent.com/pod-product-compliance
Lightning Source LLC
Chambersburg PA
CBHW062225220526
45471CB00009B/3346